脱贫攻坚丛书

POVERTY ALLEVIATION SERIES

书记部长谈决战决胜脱贫攻坚

学习时报编辑部 / 编

人民出版社

目 录 CONTENTS

目 录

统筹推进疫情防控和经济社会发展
确保决战决胜脱贫攻坚全面建成小康社会

国家发展和改革委员会党组书记、主任　何立峰

　　新冠肺炎疫情是第二次世界大战以来最严重的全球危机。面对这次疫情带来的严峻考验，习近平总书记高瞻远瞩、见微知著，亲自部署、亲自指挥，坚持把人民群众生命安全和身体健康放在首位，强调要因应国内外疫情防控新形势，及时完善我国疫情防控策略和应对举措，统筹推进疫情防控和经济社会发展工作，力争把疫情造成的损失降到最低限度。目前，我国疫情防控向好态势进一步巩固，经济社会正常秩序正在有序恢复，但全球疫情快速蔓延对我国经济社会发展影响仍然较大。我们必须深入领会习近平总书记关于统筹推进疫情防控和经济社会发展的一系列重要指示精神，认真总结前一阶段取得的成绩，辩证看待当前经济运行遇到的挑战，精准把握下一步工作方向，在抓好常态化疫情防控的基础上，有力有序推进复工复产复业复市，着力畅通经济循环，努力稳定经济基本盘，防止疫情短期冲击演变成趋势性变化。

统筹疫情防控和经济社会发展取得积极进展

　　今年年初，面对突如其来的新冠肺炎疫情，以习近平同志为核心

的党中央坚持全国一盘棋，统筹调度各方面力量全力支持疫情防控救治，稳步恢复生产生活秩序。目前我国疫情防控形势持续向好，本土疫情传播基本阻断，经济社会运行正常秩序加快恢复。

狠抓防疫救治，国内疫情基本得到控制。坚持"四个集中"，举全国之力支援湖北省、武汉市主战场。开展联防联控和群防群控，扎实做好医用物资和生活必需品供应保障，强化疫情防控科技攻关。严格防控境外疫情输入，积极推进疫情防控国际合作。目前，输入性病例得到有效控制，防控工作正由应急性超常规防控向常态化防控转变。

统筹防控发展，复工复产复市复业提速扩面。在严格做好疫情防控的前提下，分区分级有序推动全产业链协同复工复产。动态优化完善复工复产疫情防控措施指南，保证复工复产防疫物资供应。加强要素和交通保障，强化对中小微企业和个体工商户的应急纾困。全国规模以上工业企业和生产性服务业绝大多数已经复工，生活服务业复商复市有所加快，重大项目开复工提速扩面，但住宿餐饮、娱乐、旅游、会展等目前仍难以实现正常开放运营。

加强政策对冲，宏观经济经受住空前考验。出台阶段性减免企业社保费等减税降费政策。3次实施普遍降准、定向降准，引导贷款市场报价利率（LPR）下行，发挥专项再贷款等牵引作用，缓解企业资金链压力。全力促消费稳投资，有序启动实体商店消费，优化中央预算内投资结构。全方位强化稳就业举措。市场主体信心加快恢复，4月份制造业采购经理指数为50.8%，连续两个月保持在荣枯线以上。

精准聚焦发力，三大攻坚战取得扎实进展。加快推进易地扶贫搬迁安置区配套设施等脱贫攻坚项目开工复工，优先组织贫困劳动力返城返岗和外出务工，对因疫返贫致贫人员及时帮扶。阶段性提高地方财政留用比例，基层政府"三保支出"较好保障，加强流动性管理和宏观审慎监管，股市、债市、汇市总体稳定。切实做好医疗废弃物处置，持续打好蓝天、碧水、净土保卫战。

坚持优化结构，经济韧性和潜力持续显现。持续深化供给侧结构性改革，大力支持5G、人工智能、工业互联网、物联网、大数据、区块链等技术创新和产业应用，线上会诊、线上课堂、远程办公、智慧城市、现代物流、网络购物等业态发展迅猛。积极有序推进重大区域发展战略，扎实实施乡村振兴战略规划。

深化改革开放，市场内生动力不断释放。深化"放管服"改革，多渠道满足疫情时期企业群众需求，下放用地审批权，实施新证券法，完善要素市场化配置体制机制。努力稳定对外贸易，全面落实出口退税、出口信用保险等政策，促进服务贸易创新发展，今年一季度经常项目实现顺差963.6亿元。积极通过云推介等吸引外资，美资埃克森美孚惠州乙烯等重大外资项目启动建设。

强化民生兜底，社会大局总体稳定。千方百计保障粮油与肉禽蛋菜奶等的供应和价格基本稳定。退休人员基本养老金比去年提高5%，实施好社会救助和保障标准与物价上涨挂钩联动机制。落实抗疫一线医务人员各项支持政策。有效应对"疫后综合征"，加强群众心理疏导和干预。

正确看待当前我国经济运行面临的挑战

新冠肺炎疫情是全球历史上少有的重大传染病事件。尽管我国疫情得到有效控制，但国际疫情快速扩散蔓延，世界经济下行风险加剧，导致我国外部风险不断加大，企业生产经营困难，今年一季度我国国内生产总值同比下降6.8%，主要宏观经济指标都出现了明显下滑，经济运行面临阶段性重大挑战。

从国际看，全球疫情仍处在大暴发阶段，尽管多国纷纷采取紧急措施，但疫苗和特效药短期内还难以推出，疫情扩散蔓延势头可能会持续一段时间。受此影响，今年4月以来输入性病例已成为我国新增病例主体，我国疫情输入性压力持续较大。同时，世界经济衰退已难以避免，波及广度、衰退深度取决于疫情蔓延程度和应对有效程度。我国外贸依存度仍超过30%。世界经济下行可能通过外贸外资、供应链、资金链等渠道对我国经济和金融市场产生影响。

从国内看，疫情对正常生产生活秩序造成影响，三大需求快速回落。今年一季度社会消费品零售总额下降19%，固定资产投资下降16.1%，今年前4个月以人民币计价的货物出口下降6.4%。需求持续疲软将对企业复产达产形成掣肘，工业运行受到冲击，今年一季度规模以上工业增加值同比下降8.4%，规模以上工业企业利润下降36.7%。服务业特别是生活性服务业受疫情冲击最大，今年一季度服务业增加值下降5.2%。经济活动减少导致企业用工需求下降，今年一季度城镇新增就业229万人，同比少增95万人，重点群体就业压力有所上升，居民增收难度加大。

在看到问题的同时，也必须看到，今年一季度经济负增长不具有历史可比性。疫情突如其来，我们坚决贯彻以人民为中心的发展思想，全力以赴做好疫情防控和医疗救治，全力以赴保障人民群众安全健康，经济发展付出这个代价是必须承受、能够承受、也是值得付出的。目前，经济运行正常秩序正在有序恢复，全国规模以上工业企业绝大多数已经复工，发电量、货运量指标明显好转，已超过去年同期水平。特别要看到，在强大国内市场、完备产业体系、丰富人力资源的支撑下，中国经济依然具有巨大发展潜力。危和机总是同生并存的，克服了危即是机，此次疫情也蕴含着不少发展机遇，比如疫情应对中暴露出的公共卫生、应急体系等短板弱项需要加快补齐，疫情催生的数字经济新业态正在加快发展等等，都值得各类市场主体高度重视。总之，我们要准确识变、科学应变、主动求变，善于从眼前的危机困难中捕捉创造新机遇。

明确做好下一步经济工作的路径方向

今年4月17日，习近平总书记主持召开中共中央政治局会议，对下一步疫情防控工作和经济工作作出了全面系统部署，为我们指明了方向。各地区各部门正在以习近平新时代中国特色社会主义思想为指导，增强"四个意识"、坚定"四个自信"、做到"两个维护"，紧扣全面建成小康社会目标任务，统筹推进疫情防控和经济社会发展工作，在疫情防控常态化前提下，坚持稳中求进工作总基调，坚持新发展理念，坚持以供给侧结构性改革为主线，坚持以改革开放为动力推动高质量发展，坚决打好三大攻坚战，加大"六稳"工作力度，保居民就业、保基本民生、保市场主体、保粮食能源安全、保产业链供应链稳定、保基层运转，坚定实施扩大内需战略，维护经济发展和经济社会稳定大局，确保完成决战决胜脱贫攻坚目标任务，全面建成小康社会。

巩固和拓展疫情防控阶段性成效。继续抓紧抓实抓细常态化疫情防控，因时因势完善外防输入、内防反弹各项措施并切实抓好落实。坚决守住守好口岸城市防线，加强集中隔离人员安全服务保障，深入推进疫情防控国际合作。

着力促进企业复产达产。在抓好常态化疫情防控的基础上，加快推进生产生活秩序全面恢复，畅通经济循环。抓紧落实调整后的复工复产疫情防控指南，加快清理不合时宜的临时管制和不合理规定。保持我国产业链、供应链的稳定性和竞争力，促进产业链上下游和大中小企业协同复工复产达产。

以更大宏观政策力度对冲疫情影响。积极的财政政策更加积极有为，将适当提高赤字率，发行抗疫特别国债，大幅增加地方政府专项债券，提高资金使用效率。稳健的货币政策更加灵活适度，运用降准降息、再贷款等保持流动性合理充裕，引导贷款市场利率下行，把资金用到支持实体经济特别是中小微企业上。

坚定实施扩大内需战略。积极稳定居民传统大宗消费，适当增加公共消费，大力培育新兴消费增长点。实施城镇老旧小区改造，加强传统基础设施和新型基础设施投资，促进传统产业改造升级，扩大战略性新兴产业投资，调动民间投资积极性。

千方百计帮扶企业渡过难关。在加快落实已出台各项援企政策的同时，进一步研究出台了支持政策，推进减税降费，降低企业融资成本，提高中小微企业首贷率、信用贷款占比，加大创业担保贷款贴息支持力度。

深化市场化改革扩大高水平开放。完善要素市场化配置体制机制，支持和引导非公有制经济发展。保障国际物流畅通，帮助企业保订单、保市场、保份额。持续优化外资营商环境，进一步扩大鼓励外商投资范围，推动共建"一带一路"高质量发展。

切实做好民生兜底保障。优先稳就业保民生，聚焦高校毕业生、农民工、贫困地区劳动力等重点群体，实施好援企稳岗政策，以创业创新带动就业。进一步做好粮油、蔬菜、猪肉等重要农产品稳产保供，稳步推进煤炭、石油、天然气和电力产供储销体系建设，确保粮食能源安全。将受疫情影响的困难群众按规定纳入低保、特困人员供养、临时救助等范围。

我们坚信，在以习近平同志为核心的党中央坚强领导下，依托强大国内市场，着力扩大内需，通过宏观政策对冲，畅通经济循环，发挥市场主体作用，我们一定有能力、有条件克服眼前困难，推动经济发展尽快恢复到正常轨道，确保完成决战决胜脱贫攻坚目标任务，全面建成小康社会。

《学习时报》2020 年 5 月 13 日

以决战决胜的姿态抓好人社扶贫工作

人力资源和社会保障部党组书记、部长　张纪南

习近平总书记在决战决胜脱贫攻坚座谈会上的重要讲话，向全党全国全社会发出脱贫攻坚总攻动员令，吹响总攻冲锋号，对脱贫攻坚再动员再部署，为克服新冠肺炎疫情影响，坚决夺取脱贫攻坚战全面胜利提供了根本遵循。各级人力资源社会保障部门将进一步提高政治站位，以更高的思想认识、更大的力度和更实的作风，坚决完成各项扶贫目标任务。

深入学习领会习近平总书记重要讲话精神，坚决扛起人社扶贫的重大政治责任

深刻认识决战决胜脱贫攻坚已经到了最后冲刺阶段，坚定必胜的决心和信心，增强使命感、责任感、紧迫感。习近平总书记强调，到2020年现行标准下的农村贫困人口全部脱贫，是党中央向全国人民作出的郑重承诺，必须如期实现。这是一场硬仗，越到最后越要紧绷这根弦，不能停顿、不能大意、不能放松。我们必须坚决扛起决战决胜脱贫攻坚的重大政治责任，切实把脱贫攻坚作为践行"两个维护"的实际行动，坚定必胜信念，进一步激发干事创业激情，充分发挥主

观能动性，开拓创新、真抓实干，攻坚克难、奋发有为，确保如期完成各项目标任务。

深刻认识人社扶贫工作在脱贫攻坚中的重要地位和作用，强化主责主业意识，切实履职尽责。贫困人口脱贫，是全面建成小康社会的底线任务和标志性指标。人社部门作为重要的民生部门，就业扶贫增收入、技能扶贫强素质、社保扶贫保生活、人才人事扶贫促发展，在脱贫攻坚工作中肩负着重要的职能和作用。新冠肺炎疫情给脱贫攻坚带来新的困难和挑战，首当其冲的就是贫困劳动力就业增收，就业扶贫的基础性关键性作用更加凸显。今年是脱贫攻坚决战决胜之年，解决好贫困群众就业问题非常重要。我们必须坚持以人民为中心的发展思想，树牢宗旨意识，立足职责、对准坐标，增强工作主动性，以更高标准、更大力度、更实举措，努力克服疫情影响，坚决完成好党中央赋予的各项任务。

深刻认识决战决胜脱贫攻坚的任务要求，以钉钉子的精神抓好落实，用硬功夫完成硬任务。脱贫攻坚工作艰苦卓绝，收官之年又遭遇疫情影响，各项工作任务更重、要求更高。今年人社扶贫任务依然艰巨繁重，集中力量啃下脱贫"硬骨头"，必须下足硬功夫。我们必须坚持目标导向、问题导向、结果导向，牢牢扭住重点环节和关键任务，因地制宜精准施策，多措并举巩固成果，把短板补得更扎实一些，把基础打得再牢靠一些，切实加强和改进工作作风，力戒形式主义官僚主义，让脱贫成效赢得群众认可、经得起历史检验。

多措并举、精准施策，全力抓好人社扶贫各项重点工作

今年以来，各级人力资源社会保障部门克服疫情影响，把就业扶贫作为重点，健全工作机制，注重协调联动，细化目标任务，统筹推

进人社扶贫工作，在各方共同努力下，贫困劳动力就业进展好于预期，技能扶贫、社保扶贫、人才人事扶贫等各项工作取得积极成效。但在政策精准实施、狠抓工作落实、长效机制建设等方面还需要持续发力，特别是受疫情影响就业扶贫仍面临不少新情况新问题，还有大量工作要做。我们必须坚定信心、保持定力，突出重点、战疫战贫，持续加大工作力度，确保完成各项任务。

扎实做好就业扶贫工作。紧扣贫困劳动力外出务工"一超过、两个不少于"（即今年超过2800万人，东部地区吸纳中西部地区总数不少于去年，中西部地区外出不少于去年）的目标任务，推动贫困劳动力输得出、稳得住、留得下，力争有劳动能力和就业意愿的贫困劳动力实现转移就业、零转移贫困家庭动态清零、已外出务工贫困劳动力最大限度减少返乡回流，以就业助增收、稳脱贫。一是准确掌握贫困劳动力就业动态。以就业地、户籍地为责任单位，按照属地化管理原则，动态掌握辖区内贫困劳动力就业失业信息。二是优先组织贫困劳动力外出务工。始终将促进贫困劳动力外出务工摆在最突出位置，做到岗位收集最大化，组织外出最优先，政策落实最到位。三是多措并举稳定贫困劳动力就业。及时落实失业保险稳岗返还、以工代训补贴等政策，支持困难企业开展在岗培训，鼓励企业不裁员、少裁员。及时落实失业保险金、失业补助金、临时生活救助等政策，开发一批适合贫困劳动力的就业岗位，加强兜底保障。四是积极稳妥有序承接返乡贫困劳动力。对于经过帮扶确实无法留在当地就业、有迫切返乡需求的，健全对接机制，提前在户籍地周边地区收集一批适合的就业岗位，拓宽就地就近就业渠道。五是做好易地扶贫搬迁就业帮扶"下半篇"文章。扎实推进易地扶贫搬迁就业帮扶专项行动，援建一批劳动密集型扶贫车间，定向投放一批新业态就业岗位，开发一批社区服务公益岗位，在安置区设立公共就业服务站或专门服务窗口提供就业服务。

统筹做好技能扶贫、社保扶贫和人才人事扶贫工作。一是技能扶贫要突出重点群体。抓好失业贫困劳动力转岗培训、未外出务工贫困劳动力就地就近就业培训，指导技工院校在新学年积极招收建档立卡贫困家庭子女并落实国家资助政策，大力推广线上培训，对口帮扶"三区三州"等深度贫困地区技工教育发展。二是社保扶贫要继续保持贫困人口应保尽保动态"清零"。对新增贫困人口特别是因疫致贫返贫人口、易地扶贫搬迁人员落实社保帮扶政策，确保新增一个纳入一个，达龄一个发放一个。三是人才人事扶贫要进一步加大力度。继续实施深度贫困地区职称"定向评价、定向使用"政策，研究完善职业资格考试单独划线政策，组织实施2020年高校毕业生"三支一扶"计划、各类脱贫攻坚示范性专家服务团。

研究建立解决相对贫困的人社扶贫长效机制。统筹当前和长远，保持人社扶贫政策的连续性、稳定性，发挥其在稳定脱贫、改善民生中的长效作用，在巩固现有成果的基础上，完善"长久立"的机制。统筹贫困户和非贫困户，防止出现"悬崖效应"。聚焦欠发达地区和农村低收入人口，研究解决相对贫困问题，注重普惠性、基础性、兜底性，扩大就业规模与提高就业质量相结合，加强城乡社保衔接，健全贫困地区人才培养、使用、激励机制，夯实贫困地区技能人才发展基础，阻断贫困代际传递，形成脱贫攻坚与乡村振兴相互支撑、有机衔接的政策体系。

再紧一扣，用情用心用力把人社扶贫工作落实落细落到位

越是决战时刻，越要斗志高昂；越是棋到终盘，越要竭尽全力。做好人社扶贫工作，必须坚持目标导向、问题导向、结果导向，一鼓作气、精准施策，全力以赴抓好各项工作落实。

提高政治站位。持续深入学习贯彻习近平总书记关于扶贫工作的重要论述，充分认识人社扶贫特别是就业扶贫对于贫困人口脱贫增收的重大意义，清醒认识存在的困难问题，切实把做好人社扶贫工作作为践行"两个维护"的具体行动，作为践行初心使命的重大政治责任，坚决把党中央各项决策部署落到实处。

压实工作责任。建立健全目标责任制，实化量化指标，落实责任单位、责任人，使各项工作可检验、可评估。倒排工期、压茬推进，加强工作调度，通报进展情况，对发现的问题及时督促改进。加强与相关部门的沟通协调，促进政策资源协同，推动形成工作合力。

坚持精准施策。坚持"一把钥匙开一把锁"，区分不同地区、不同群体，切实加强分类指导，做到思路精准、政策精准、措施精准，因地制宜、因人施策。及时研究新情况新问题，查漏项、补短板，加强政策实施的过程跟踪和效果评估。聚焦52个未摘帽贫困县、湖北、"三区三州"等深度贫困地区，下最大力气给予支持。

加强作风建设。坚持求真务实，真抓实干，坚决杜绝形式主义、官僚主义，防止简单化的"数据达标"，确保工作扎实、结果真实。克服松劲懈怠、"疲劳症"和厌战情绪，绷紧弦、吃住劲，慎终如始抓好工作落实。加强调查研究，掌握一手资料，提高工作的科学性、针对性。坚持督战一体，既加强对基层工作的督促指导，又减轻基层负担，切实帮助基层一线解决实际困难。

做好人社扶贫工作，任务艰巨、责任重大。我们将更加紧密地团结在以习近平同志为核心的党中央周围，担当作为、再接再厉，不获全胜、决不收兵，坚决完成人社扶贫各项目标任务，为夺取脱贫攻坚战全面胜利、全面建成小康社会作出应有贡献。

《学习时报》2020 年 8 月 17 日

协同打赢精准脱贫和污染防治攻坚战 决战决胜全面建成小康社会

生态环境部党组书记　孙金龙

　　党的十八大以来，以习近平同志为核心的党中央把脱贫攻坚作为全面建成小康社会的底线任务和标志性指标，作出一系列重大部署，推动脱贫攻坚取得举世瞩目的决定性成就。今年3月6日，在统筹推进疫情防控和经济社会发展工作的紧要关头，在脱贫攻坚的关键节点，习近平总书记出席决战决胜脱贫攻坚座谈会并发表重要讲话，吹响了全面建成小康社会的冲锋号，向全党全国人民发出了决战决胜脱贫攻坚的总攻令，充分彰显了人民领袖的为民情怀和使命担当，展现了我们党兑现庄严承诺的坚强意志和必胜信心。生态环境部系统要深入学习领会、认真贯彻落实习近平总书记重要讲话精神，以更强的决心、更大的力度、更实的举措、更硬的作风全面推进生态环保扶贫工作，协同打赢疫情防控阻击战、精准脱贫攻坚战和污染防治攻坚战，为决战决胜全面建成小康社会作出新的更大贡献。

深入贯彻落实习近平总书记重要讲话精神，进一步增强做好生态环保扶贫工作的责任感和使命感

消除贫困，实现共同富裕，是社会主义的本质要求和我们党的重要使命。保护生态环境，增进民生福祉，是建设美丽中国和实现可持续发展的内在要求。精准脱贫、污染防治作为决战决胜全面建成小康社会必须打赢的两大攻坚战，事关国家生态安全，关系人民福祉，关乎民族未来。

一是保护生态环境是夯实脱贫攻坚基础，筑牢经济社会发展根基的客观要求。良好生态环境是人类生存和社会发展的根本基础。我国贫困地区大多位于江河上游、湖库水系源头、农牧交错地带，与重点生态功能区、生态敏感区脆弱区高度重合，生态地位极为重要，生态安全屏障功能突出。同时，这些地区普遍存在基础设施薄弱、产业发展滞后、公共服务供给不足等问题，发展起点低、发展压力大、发展意愿强，面临着消除贫困与保护生态环境的双重压力。生态环保扶贫就是要在适度开发、消除贫困的同时，着力夯实生态本底，守住环境质量底线，维护好经济社会可持续发展的根基。

二是保护生态环境是推动扶贫减贫，切实提高脱贫攻坚质量的现实需要。习近平总书记指出，绿水青山就是金山银山，保护生态环境就是保护生产力，改善生态环境就是发展生产力。对贫困地区来说，生态环境既是自然财富、生态财富，又是社会财富、经济财富。生态环保扶贫就是要坚定不移贯彻包括绿色发展理念在内的新发展理念，积极探索推广绿水青山转化为金山银山的路径，利用良好生态环境汇聚资本、技术、人才、项目等经济发展要素，提升脱贫攻坚整体质量，推动贫困地区生态资源优势转化为经济社会发展优势。

三是保护生态环境是推动高质量发展，补齐全面建成小康社会短板的重要内容。习近平总书记指出，小康不小康，关键看老乡；小康全面不全面，生态环境很关键。良好生态环境是高质量发展的应有之义，保护生态环境是推进和引领高质量发展的重要抓手。当前，农村贫困人口脱贫攻坚任务艰巨、生态环境保护任重道远。生态环保扶贫就是要协同推进经济高质量发展和生态环境高水平保护，实现脱贫攻坚与污染防治攻坚共赢，着力补齐突出短板，使全面建成小康社会得到人民认可、经得起历史检验。

四是保护生态环境是推进生态振兴，有效衔接脱贫攻坚与乡村振兴的关键举措。习近平总书记指出，实现全面小康之后，要全面推进乡村振兴，建设更加美丽的乡村。生态环保扶贫就是要坚持绿色的脱贫攻坚，以美丽乡村建设为导向提升生态宜居水平，以生态产业化和产业生态化为重点促进产业兴旺，以生态文化培育为基础重塑乡风文明，让良好生态成为乡村振兴的重要支点。

坚定不移扛起政治责任，协同打赢疫情防控阻击战、精准脱贫攻坚战和污染防治攻坚战

生态环境部坚决贯彻落实党中央、国务院决策部署，坚持方向不变、力度不减，突出精准治污、科学治污、依法治污，有序推进打赢污染防治攻坚战各项重点任务。同时，统筹谋划和推进好疫情防控、脱贫攻坚等重点工作，协同打赢疫情防控人民战争、总体战、阻击战以及精准脱贫攻坚战和污染防治攻坚战。

一是加强环境监管和服务，支持贫困地区克服疫情影响。以落实"两个100%"（全国所有医疗机构及设施环境监管和服务100%全覆盖，医疗废物、废水及时有效收集转运和处理处置100%全落实）为

重点，毫不放松抓好疫情防控相关环保工作。制定出台《关于统筹做好疫情防控和经济社会发展生态环保工作的指导意见》，建立和实施环评审批和监督执法服务"两个正面清单"，推动污染防治资金向疫情防控重点市县和防控应急需求方面倾斜，积极支持相关行业企业和贫困地区复工复产。积极协助定点扶贫县做好疫情防控和经济社会发展工作，开展助农战疫农产品产销对接活动，利用电商平台等拓宽销售渠道，大力推进消费扶贫，为尽可能降低疫情不利影响贡献力量。

二是深化污染防治和生态保护，推动贫困地区绿色发展。引导中央财政生态环保专项资金项目向贫困地区倾斜，支持推进大气、水、土壤污染防治工作。支持贫困地区严格生态空间管控，划定并严守生态保护红线，强化自然保护地监管，实施山水林田湖草生态保护修复试点工程。会同财政部将 284 个国家级贫困县的 2.46 万个建制村列为农村环境综合整治重点对象，并在中央财政农村环境整治专项资金安排上予以重点倾斜，有效改善贫困地区村容村貌。深化生态环境领域"放管服"改革，引导贫困地区发展绿色产业，对符合环境准入要求的建设项目开辟绿色通道。支持贫困地区发展有机农产品，推进生物多样性保护与减贫协同发展试点。推动将更多的贫困地区纳入重点生态功能区转移支付范围，涉及 500 个国家扶贫开发工作重点县。扩大区域流域间横向生态保护补偿范围，累计安排流域上下游横向生态补偿奖励资金、长江经济带生态保护修复奖励资金 119 亿元。分三批命名国家生态文明建设示范市县、"绿水青山就是金山银山"实践创新基地 227 个，其中国家扶贫开发工作重点县占比约 24%。

三是创新生态环保扶贫举措，全面落实定点扶贫责任。全力支持定点扶贫的河北省承德市围场县、隆化县脱贫攻坚。坚持党建引领促扶贫，深入推进"一对一"基层党支部共建。设立生态环保励志奖学金，资助贫困家庭学生，推进"志智双扶"。积极践行"绿水青山就是金山银山"理念，与定点扶贫县共建 7 个生态环保扶贫示范村，重点从农产品有机认证、生物多样性保护与减贫、农村垃圾分类、农用地膜污染治理、生态旅游促进、乡风文明激励等方面开展实践探索，努力将生态环保特色帮扶转化为脱贫攻坚绿色实效。2018—2019 年共投入和引进帮扶资金 2.16 亿元，培训基层干部和技术人员 5000 余名，购买和帮助销售农产品超过 1000 万元。围场县、隆化县贫困发生率分别由 2013 年的 42.6%、38.5%降至 2019 年的 0.35%、0.39%，实现脱贫摘帽目标，河北省人民政府于 2020 年 2 月底批准两县退出贫困县。

扎实做好生态环保扶贫工作，决战决胜全面建成小康社会

2020 年是全面建成小康社会的收官之年，是打赢精准脱贫和污染防治攻坚战的决胜之年。生态环境部坚持以习近平新时代中国特色社会主义思想为指导，深入贯彻落实习近平生态文明思想和习近平总书记关于扶贫工作的重要论述，不忘初心、牢记使命，坚决打赢精准脱贫攻坚战和污染防治攻坚战，确保如期实现全面建成小康社会目标任务。

一是加大对深度贫困地区支持力度。保持生态环保扶贫政策稳定，继续聚焦"三区三州"等深度贫困地区，瞄准突出问题和薄弱环节，狠抓政策落实，促进解决区域性整体贫困。持续深化生态环境领域"放管服"改革，加大生态环保资金项目向深度贫困地区的倾斜支持力度，大力推进污染防治、农村环境整治、生态保护修复等生态建设工程和扶贫产业发展，支持推动将深度贫困地区纳入生态补偿范围，努力夯实贫困地区可持续发展绿色根基。

二是持续推进贫困地区绿色发展和高质量发展。指导和支持贫困

地区进一步加强自然生态保护监管，严格生态空间管控，巩固提升生态资源优势。引导贫困地区依托资源禀赋优势，培育发展特色生态产业，着力打通优质生态资源与产业发展、优质生态产品与品牌发展间的转化路径，促进贫困地区生态要素向生产要素、生态资产向物质财富转变，推动实现生态保护与减贫脱贫双赢。

三是接续推进全面脱贫与乡村振兴有效衔接。统筹推动生态环保扶贫工作有序转型，强化顶层设计，提前谋划脱贫攻坚与乡村振兴的制度衔接、政策衔接、工作衔接。大力推进生态振兴和美丽乡村建设，加快推进产业生态化和生态产业化，用乡村振兴的举措巩固脱贫攻坚成效，用脱贫攻坚的成果夯实乡村振兴可持续发展根基，探索解决相对贫困长效机制，让良好生态成为乡村振兴的重要支点。

四是严格落实全面从严治党主体责任。始终把党的政治建设摆在首位，加强党对打赢精准脱贫攻坚战和污染防治攻坚战的领导，抓紧抓实抓细生态环保扶贫各项工作。加强作风能力建设，深化生态环保扶贫领域作风问题专项治理，坚决反对形式主义、官僚主义，锤炼打造生态环境保护铁军。大力宣传我国脱贫攻坚取得的伟大成就，加强经验总结和典型事迹宣传，努力讲好生态环保扶贫故事。

《学习时报》2020 年 5 月 18 日

坚决打赢水利扶贫攻坚战

水利部党组书记、部长（时任） 鄂竟平

习近平总书记在决战决胜脱贫攻坚座谈会上发表重要讲话，向全党全国全社会发出了夺取脱贫攻坚战全面胜利的总攻令，强调要坚决完成这项对中华民族、对人类都具有重大意义的伟业，为我们决战决胜脱贫攻坚提供了根本遵循、注入了强大动力。水利是打赢脱贫攻坚战的基础支撑和保障，水利扶贫在国家脱贫攻坚总体布局中肩负重要使命。水利部党组认真学习、坚决贯彻习近平总书记关于扶贫工作重要论述，特别是在决战决胜脱贫攻坚座谈会上重要讲话精神，进一步增强"四个意识"、坚定"四个自信"、做到"两个维护"，把打赢水利扶贫攻坚战作为重大政治任务，今年以来9次专题研究贯彻落实措施，召开全国水利扶贫工作座谈会和水利定点扶贫工作座谈会，制定水利扶贫工作要点，建立工作台账，以更大决心、更实举措、更好作风，查找差距、补齐弱项、巩固成果，坚决克服新冠肺炎疫情影响，深入推进贫困地区水利工程补短板、水利行业强监管，加快推动各项任务落地见效，一鼓作气打赢水利扶贫攻坚战，为如期完成脱贫攻坚目标任务、全面建成小康社会提供强有力的水利保障。

紧盯目标任务，确保如期解决贫困人口饮水安全问题

全面解决贫困人口饮水安全问题是实现"两不愁三保障"脱贫攻坚目标任务的重要内容，是水利扶贫的硬指标、硬任务，决不能有丝毫含糊。"十三五"以来，经过努力已累计提升2.27亿农村人口供水保障水平，其中解决1707万贫困人口饮水安全问题，但还有一些扫尾工程需要完成，有的地方安全饮水不稳定，还存在季节性缺水问题。必须紧紧咬定全面解决贫困人口饮水安全问题的目标任务，加快推进扫尾工程建设，强化工程运行管护，确保工程建得成、管得好、群众长受益。一是按时解决剩余贫困人口饮水安全问题。对尚未完成建设任务的地区，以县为单位安排水利部机关司局"一对一"挂牌督战，建立到村到户台账，倒排工期、节点控制、抢抓进度，确保今年6月底前全部完成建设任务。同时，通过水源置换、净化处理、易地扶贫搬迁等方式，加快解决饮水型氟超标问题。二是全面加强农村饮水工程运行管护。以贫困群众能长期稳定饮用放心水为根本，狠抓农村饮水工程管理维护。抓住水费收缴这个"牛鼻子"，层层压实农村饮水安全地方人民政府主体责任、水行政主管部门行业监管责任、供水管理单位运行管理责任，完善和落实农村饮水工程运行管理机构、运行管理办法、运行管理经费，确保工程良性运行、长期发挥效益。会同生态环境部门加快推进水源保护工作，确保供水工程水质。三是深入排查防止出现问题反弹。建立贫困地区县级农村饮水应急预案，建立常态化排查机制，对已解决饮水安全问题的贫困人口动态调整，及时发现和解决因自然灾害、水源变化、运行管护等原因引起的动态新增饮水安全人口问题，防止出现问题反弹。对中央脱贫攻坚专项巡视"回头看"等监督检查发现的问题，举一反三、严肃整改，确保问

题得到真正解决。

聚焦短板弱项，加快补齐贫困地区水利基础设施短板

农田灌排、防洪抗旱、水土保持等水利基础设施建设，与巩固脱贫攻坚成果密切相关。近两年，水利部党组举全行业之力推进贫困地区水利基础设施建设，贫困地区水利条件明显改善。但也要看到，贫困地区水利基础设施薄弱状况有的还没有得到根本扭转，特别是"三区三州"等深度贫困地区是最难啃的"硬骨头"。收官之年要总算账、算总账，必须针对短板和差距，聚焦深度贫困地区，持续加大支持力度，优先安排深度贫困地区水利工程项目建设，着力解决瓶颈制约问题，筑牢脱贫攻坚水利基础。一是加快推进贫困地区农田灌排工程建设，完成贫困地区规划内大中型灌区续建配套与节水改造建设任务，做好灌溉供水保障服务，促进群众增产增收。二是大力开展中小河流治理、病险水库除险加固、中小型水库建设和山洪灾害防治，加强山洪灾害预警监测和发布，不断提高贫困地区防灾减灾水平。三是深入实施贫困地区小流域综合治理、病险淤地坝除险加固等水土保持重点工程，推动生态保护与群众脱贫有机结合。四是组织实施好云南滇中引水、贵州夹岩及黔西北调水等贫困地区在建重大水利工程建设，确保早建成、早受益。抓紧做好拟建重大水利工程前期论证，争取早日开工。五是扎实推进农村水电扶贫工程建设，按比例足额上缴投资收益，帮助更多建档立卡贫困户受益。六是落实水库移民脱贫攻坚政策，拓宽移民增收渠道，推动水库移民与全国人民同步实现全面小康。当前，要针对新冠肺炎疫情带来的影响，有针对性地精准施策，切实解决好项目审查审批、材料供应、人员和机械进场等问题，加快水利扶贫项目复工复产。

发挥行业优势，大力助推帮扶地区加快脱贫攻坚

按照党中央安排，水利部承担了重庆市和湖北省6个县（区）定点扶贫、滇桂黔石漠化片区联系以及有关地区对口支援任务。水利部充分发挥行业优势，与相关地区密切协作，推动各项帮扶措施落地并发挥作用，6个定点扶贫县（区）已基本实现脱贫摘帽，其他地区也都取得了决定性进展。但是全面完成脱贫攻坚任务还有"硬骨头"要啃，巩固脱贫攻坚成果还有大量工作要做，必须突出重点、明确目标、发挥优势，确保帮扶任务圆满收官。一是针对定点扶贫地区，继续大力实施水利行业倾斜支持工程、贫困户产业帮扶工程、贫困户技能培训工程、贫困学生勤工俭学帮扶工程、水利建设技术帮扶工程、专业技术人才培训工程、贫困村党建促脱贫帮扶工程、内引外联帮扶工程等"八大工程"，积极帮助争取有利于增强地方经济发展的项目和资金支持，加大产业帮扶力度和公共基础设施帮扶力度，积极做好就业扶贫和消费扶贫工作，强化人才智力帮扶，激发贫困地区的内生动力。二是认真履行片区联系单位职责，协调片区部际联席会议成员单位加大对片区的支持力度，帮助片区解决特色产业发展、基础设施建设、公共服务提升、易地扶贫搬迁、石漠化治理，以及实现"两不愁三保障"等方面存在的困难和问题，加快推动片区区域发展与扶贫攻坚规划实施。三是继续大力落实对口支援地区水利扶贫实施方案，在项目、技术、信息、资金、人才、政策等方面给予倾斜，通过综合性帮扶措施，进一步改善有关地区水利面貌。

坚持问题导向，全面加强贫困地区水利行业监管

贫困地区水利改革发展相对滞后，既有水利基础设施不足、历史欠账较多的问题，也有水利行业管理薄弱、监督落实不到位的问题。必须围绕贫困地区涉水管理存在的突出问题，强化专项监督和日常监管，破解深层次体制机制问题，巩固拓展扶贫成果，更好满足人民群众需求。一是突出抓好江河湖泊管理。发挥好河长制湖长制作用，推动河湖"清四乱"规范化常态化，将"清四乱"整治范围由大江大河大湖向中小河流、农村河湖延伸，实现河湖全覆盖，解决农村河湖垃圾乱堆乱放、违法私搭乱建房屋、违法种植养殖等问题，推进农村人居环境改善。二是全面加强水利工程运行管理。小型水库、农村供水工程、灌区"最后一公里"工程运行管理直接关系贫困群众生产生活，要督促地方全面落实水利工程管理责任、健全管理制度，加强对工程管护主体、管护人员、管护经费落实情况的监管，建立良性运行机制，确保水利工程有人管、有钱管、管得好。今年水利部将以供水工程水费收缴为重点开展大规模暗访督查，制定专门问责办法，力争2020年年底实现农村集中供水工程基本收费、用水户基本缴费的目标。此外，通过水利行业强监管，推进基层水管队伍建设，创造更多公益性管理服务岗位，吸纳更多贫困人口就业，开辟稳定收入渠道，帮助贫困家庭脱贫。

发扬务实作风，不断提高水利扶贫攻坚工作质量

脱贫攻坚已经进入决胜关头，越到最后越要紧绷这根弦，不能停顿、不能大意、不能放松，必须以务实作风把各项工作抓紧抓实。一

是攻坚责任必须压实。保持决战到底、不获全胜决不收兵的恒心和韧劲，层层压实责任，各项任务都明确时限、要求，各项责任都落实到岗、到人。水利部领导班子成员将分别带队，到"三区三州"深度贫困地区，实地对接水利工程和有关扶贫项目。水利系统各级党组织主要负责同志作为水利扶贫攻坚第一责任人，要亲自研究部署、亲自推动落实。二是支持政策必须落地。各项水利支持政策要继续向贫困地区特别是深度贫困地区倾斜，加快分解下达中央水利投资，积极协调省级财政加大投入，贫困县水利投资总体上只增不减。认真落实贫困地区人才队伍建设帮扶工作方案，抓好水利扶贫干部培训和人才培养。加大水利科技扶贫力度，帮助贫困地区开展技术攻关和新技术应用。三是基础工作必须做实。以贫困地区水利扶贫政策落实、资金使用管理、项目实施进展、脱贫攻坚成效等为主要内容，组织"一对一"水利扶贫工作监督检查，做好水利扶贫统计，确保水利扶贫质量经得起检验。深入开展水利扶贫政策研究，提出2020年后解决农村相对贫困问题长效机制的水利保障思路和措施，与乡村振兴战略有效衔接。充分发挥"12314"水利监督举报服务平台作用，及时收集群众反映的问题。四是作风建设必须紧抓。持续推进水利扶贫领域腐败和作风问题专项治理，进一步减少开会发文和填表报数，凡是水利部机关能梳理的材料不要求基层提供，主要采取"四不两直"方式开展调研督导和监督检查，切实减轻基层负担，力戒形式主义、官僚主义。

《学习时报》2020年6月8日

扎实推进贫困地区产业发展
为高质量打赢脱贫攻坚战提供有力支撑

农业农村部党组书记、部长（时任） 韩长赋

3月6日，习近平总书记出席决战决胜脱贫攻坚座谈会并发表重要讲话，充分肯定了脱贫攻坚取得的决定性成就，深刻分析了打赢脱贫攻坚战面临的困难挑战，对克服新冠肺炎疫情影响、凝心聚力打赢脱贫攻坚战、高质量完成脱贫攻坚目标任务做出全面部署。习近平总书记的重要讲话，为我们夺取脱贫攻坚战全面胜利、确保全面建成小康社会，进一步指明了前进方向、提供了根本遵循，更加坚定了我们决战决胜脱贫攻坚的信心和决心。农业农村部门作为产业扶贫牵头部门，必须深入学习贯彻习近平总书记重要讲话精神，进一步增强责任感、使命感，扛好政治责任，勇于攻坚克难，狠抓工作落实，扎实推进产业扶贫，为高质量打赢脱贫攻坚战提供有力支撑。

深入学习领会习近平总书记关于产业扶贫工作的重要论述

习近平总书记高度重视产业扶贫，对产业扶贫工作亲自部署、亲自推动。在 2015 年中央扶贫开发工作会议上，习近平总书记将发展生产脱贫一批摆在精准脱贫"五个一批"的首位。此后，他多次就

产业扶贫发表重要讲话、作出重要指示，每次到贫困地区调研考察，必看产业基地，必讲产业扶贫，反复强调发展产业是实现稳定脱贫的根本之策，要把培育产业作为推动脱贫攻坚的根本出路。今年以来，习近平总书记站在脱贫攻坚与乡村振兴有效衔接的历史高度，结合应对新冠肺炎疫情影响的新形势新情况，又对产业扶贫作出了一系列重要指示，提出一系列工作要求。在决战决胜脱贫攻坚座谈会上，他强调，要加大产业扶贫力度，要注重长期培育和支持种养业发展；要组织好产销对接，开展消费扶贫行动，多渠道解决农产品卖难问题；用好产业帮扶资金和扶贫小额信贷政策，促进扶贫产业持续发展。习近平总书记前段时间在陕西、山西、宁夏等地考察时，都专门实地查看产业扶贫基地，为贫困地区产业发展把脉问诊，强调发展扶贫产业，重在群众受益，难在持续稳定；要因地制宜发展区域特色产业，把小品种做成大产业，做成全国知名品牌；要延伸产业链，建立更加稳定的利益联结机制，确保群众持续稳定增收。

习近平总书记关于产业扶贫的一系列重要指示，既有理论指导、也有具体要求，既有长远判断、又有当下部署，具有鲜明的思想性、针对性和实践性，是做好产业扶贫工作的科学指南。学习贯彻习近平总书记关于产业扶贫的重要论述，要深刻认识发展产业是高质量脱贫的根本之策，产业发展既是增强贫困地区发展基础、增强造血功能的主要依托，也是增加贫困群众经营性和就业收入、增强内生动力和发展信心的重要途径。要把发展产业摆在更加突出的位置，以更有力的举措，调动聚合各方资源，推动贫困地区发展壮大产业，以产业发展促进农民持续增收。要注重推动扶贫产业可持续发展，产业培育是一项长期系统工程，产业规模的形成、产业链条的拓展、产业体系的完善，均需持续用力、久久为功。脱贫攻坚即将收官，但贫困地区产业发展不能收官。要遵循产业规律，注重长期培育和系统支持，促进现有扶贫主导产业持续发展，决不能半途而废。要因地制宜突出特色发展产业，贫困地区大多生物资源丰富、生态环境优良、民族风情独特，发展优势特色产业得天独厚。要立足资源禀赋和市场需求，进一步优化产业布局和主导产业，切实发挥特色、提高品质、提升效益，努力把特色资源优势转变成产品优势、产值优势。要坚持走一二三产业融合发展的路子，融合是今后一个时期乡村产业发展的趋势，也是让贫困群众更多分享产业增值收益的重要路径。要推动贫困地区特色种养业标准化、绿色化发展，大力发展农产品加工流通业和新产业新业态，加快产业融合发展和全链条开发，将扶贫产业培育成带动脱贫和当地经济发展的支柱性产业。要保持联农带贫富民的发展初心。产业扶贫，发展产业只是手段，带动脱贫增收才是目的。要强化产业联贫带贫政策导向，完善利益联结机制，推动新型经营主体带着贫困户一起搞产业、谋发展，通过直接参与生产、就地就业务工、资产股份合作等多种形式，让贫困户从产业发展中获得更多收入，并不断提升自我发展的能力，逐步走上致富的道路。

不折不扣完成产业扶贫目标任务，推进扶贫产业持续发展稳定带贫

近年来，各地各部门认真贯彻习近平总书记重要论述和党中央决策部署，强化政策支持，扎实推进工作落实，产业扶贫取得了重大进展和显著成效。贫困地区特色优势主导产业初步形成。22个扶贫任务重的省份和832个贫困县都编制了产业扶贫规划，实施扶贫产业项目超过100万个、建成扶贫产业基地超过10万个，每个贫困县基本都形成了特色鲜明、带贫面广的扶贫主导产业，有条件的贫困村都建立了"一村一品"特色产业基地。贫困地区带贫新型经营主体加快培

育。832 个贫困县已累计培育市级以上龙头企业 1.44 万家，发展农民合作社 71.9 万家。通过订单生产、土地流转、就地务工、生产托管、股份合作、资产租赁等方式，超过三分之二的贫困户与新型经营主体建立了利益联结关系。贫困地区农产品产销对接渠道不断拓宽，产品知名度和市场竞争力显著增强。产业扶贫科技人才帮扶力量不断强化。全国 4400 多个农业科研单位和技术部门、15000 多名专家参与产业扶贫，832 个贫困县累计组建 4100 个技术专家组，选聘 26 万名产业发展指导员，招募 4200 多名特聘农技员，培育创业致富带头人36 万人，为产业发展提供了有力支撑。扶贫产业带贫增收致富效果全面显现。建档立卡贫困人口中，90%以上得到了产业扶贫和就业扶贫支持，三分之二以上主要靠外出务工和产业脱贫。产业扶贫已经成为覆盖面最广、带动人口最多、减贫效果最好、可持续性最强的扶贫举措。在产业扶贫的有力支撑下，全国建档立卡贫困户人均纯收入由2015 年的 3416 元增加到 2019 年的 9808 元，年均增幅 30.2%。同时，我们也要看到，贫困地区产业发展总体起步较晚，还没有形成成熟的产业体系，很多集中在种养环节，链条比较短，加工跟不上，一些地方冷藏保鲜、物流配送、品牌培育等还比较滞后，现在只是做到了产业"从无到有"，实现产业"从有到优"还有很长的路要走。特别是今年新冠肺炎疫情，打乱了贫困地区生产流通秩序，对扶贫产业发展产生了较大影响。

今年的产业扶贫工作，既要加快未脱贫人口脱贫，又要巩固脱贫成果防止返贫，还要研究探索与乡村产业振兴相衔接，时间紧、任务重。必须以习近平总书记关于产业扶贫重要论述为指导，加强统筹协调，强化措施落地，拿出决战决胜的精神状态把各项工作抓得紧而又紧、实而又实，努力将新冠肺炎疫情影响降到最低，为圆满完成脱贫攻坚目标任务奠定坚实基础。重点抓好六方面工作。一是千方百计降低新冠肺炎疫情对产业扶贫的影响。认真落实党中央统筹推进疫情防控和脱贫攻坚的部署要求，持续跟踪调度疫情对产业扶贫影响，推动应对疫情支持产业发展的相关政策措施在贫困地区落实落地。开通热线电话，组织有关协会、流通企业、电商平台开展专项对接，及时了解和解决贫困地区农畜产品滞销卖难问题。指导贫困地区认真落实应对疫情影响扩大农村就业促进农民增收意见，推动带贫龙头企业、休闲农业和乡村旅游、农村中小微企业等加快复工达产。二是加快推动"三区三州"和未摘帽县产业发展。按照习近平总书记聚焦"三区三州"等深度贫困地区、瞄准突出问题和薄弱环节狠抓落实的要求，完善52个未摘帽县产业发展台账并强化跟踪指导，推动各方面政策、资金向未摘帽县和深度贫困地区聚焦发力。深入实施"三区三州"农畜产品营销、科技扶贫服务等六大行动，及时解决深度贫困地区产业发展难题。在52个未摘帽县逐一建立产业技术顾问组，帮助编制完善产业发展规划，全面开展技术指导和咨询服务。三是推进贫困地区优势特色产业提质增效。组织贫困县编制"十四五"优势特色产业发展规划，推动扶贫主导产业接续发展，加快全产业链开发。放宽部分项目贫困地区申报条件，支持发展绿色高效特色种养业。支持贫困地区建设现代农业产业园、农业产业强镇、特色产业集群，提升标准化生产、储藏保鲜、加工营销等设施装备水平。推动贫困村"一村一品"发展，支持有条件的贫困地区创建美丽休闲乡村。四是构建扶贫产品产销衔接长效机制。深入开展消费扶贫行动，举办线上线下贫困地区农产品产销对接活动，推动批发市场、大型超市、电商平台与贫困地区建立稳定产销关系。支持贫困地区打造农产品区域公用品牌、企业品牌和产品品牌，提升社会知名度和市场竞争力。加快贫困地区农产品仓储保鲜冷链物流设施建设，实现错峰销售、止损增效。强化特色农产品市场信息监测、预警、发布，完善电商服务网点体系，促进扶贫农畜产品出村进城。五是大力培育联贫带贫主体。在"育主体""带农户"两个方面同时下功夫，组织更多农产品加工、物流营销、电商等大中型龙头企业到贫困地区投资兴业，推动贫困地区农民合作社规范化发展。建立带贫主体政策扶持与带贫效果挂钩机制，支持带贫效果好的新型经营主体做大做强。大力推广订单生产、就地务工、股份合作等带贫模式，推动贫困户与带贫主体建立稳定利益联结关系。加大农技推广特聘计划实施力度，强化技术指导和社会化服务，把贫困群众引入现代农业发展轨道。六是推动产业扶贫与乡村产业振兴有机衔接。按照习近平总书记推进全面脱贫与乡村振兴衔接的要求，开展产业扶贫与乡村产业振兴有机衔接研究，总结脱贫摘帽县推进衔接的成功经验做法，推动产业扶贫帮扶资源和政策举措有序转到乡村产业振兴。开展推进特色产业持续发展现场观摩，引导脱贫摘帽县继续加大产业发展资金项目投入，注重产业扶贫风险防范，为巩固拓展产业扶贫成果、接续推进乡村产业振兴打下坚实基础。

《学习时报》2020 年 9 月 7 日

坚决履行广电行业职责使命
全力服务决战决胜脱贫攻坚

国家广播电视总局党组书记、局长　聂辰席

2020 年是脱贫攻坚战收官之年。习近平总书记在决战决胜脱贫攻坚座谈会上发表重要讲话，向全党全国人民发起总攻号令，为一鼓作气决战决胜脱贫攻坚指明了努力方向，提供了根本遵循。广电总局坚持以习近平新时代中国特色社会主义思想为指导，增强"四个意识"、坚定"四个自信"、做到"两个维护"，始终把服务脱贫攻坚放在重要位置，履职尽责、主动作为，统筹广播电视和网络视听资源力量，带动全行业同心协力服务脱贫攻坚，以实际成效践行初心使命。

深入做好脱贫攻坚主题宣传，营造良好舆论氛围

开展脱贫攻坚宣传，是促进全社会了解扶贫、认识扶贫、参与扶贫的重要手段，是统一思想、凝聚力量的有效途径，是广电行业的职责所在。广电总局坚持围绕中心、服务大局，深入实施舆论引导能力提升工程，深化广播电视媒体头条建设和视听新媒体首页首屏首条建设，深入宣传习近平总书记关于脱贫攻坚的重要论述，深入宣传党中央脱贫攻坚决策部署，深入宣传脱贫攻坚取得的重大成就和典型经

验，唱响时代主旋律。精心指导组织各级广播电视媒体和主要视听网站开设脱贫攻坚专题专栏，集中优势资源，构建全平台联动、全媒体覆盖、专题化聚合、立体化呈现、多样化输出的宣传矩阵，分批次、有节奏地做好节目排播，做到主题鲜明、高潮迭起、氛围浓厚。当前，适应疫情防控形势变化，指导推动宣传各地统筹推进疫情防控和脱贫攻坚工作的新举措、好办法，努力为打赢脱贫攻坚战注入精神动力。加强理论节目创作播出，广电总局指导全国卫视策划制作的大型电视理论节目《思想的田野》，深入田间地头，以群众喜闻乐见、通俗易懂的方式阐释习近平总书记关于脱贫攻坚的重要论述，推动精准扶贫、精准脱贫的理念深入人心，取得了良好反响。

精心组织脱贫攻坚主题精品创作生产，记录新时代历史伟业

习近平总书记强调，书写中华民族新史诗。如期完成脱贫攻坚目标任务，这是中国历史上、人类历史上彪炳史册的辉煌壮举，以优秀作品记录好、呈现好这一历史性时刻，是广电行业的光荣使命。近年来，广电总局指导行业围绕脱贫攻坚主题，推出了《黄土高天》《索玛花开》《苦乐村官》《一个都不能少》《绿水青山带笑颜》《在桃花盛开的地方》《麦香》等电视剧，《伊犁河》《落地生根》《希望的田野》《不负青春不负村》等纪录片，《脱贫大决战》《扶贫第一线》《益起追光吧》《最是一年春好处》等扶贫节目，《毛驴上树》《李扯火脱贫》等网络剧网络电影，充分发挥了正向引领作用。今年，广电总局把打造脱贫攻坚主题精品作为重中之重，加强创作规划，多次以视频会议的形式召开创作策划会、推进会，并印发《关于做好脱贫攻坚题材电视剧创作播出工作的通知》，号召全行业聚焦聚力，加快脱贫攻坚题材电视剧推进力度，用心用情用功推出精品力作。目前，

广电总局深入指导的《闽宁镇》《脱贫十难》等重点电视剧正在抓紧创作生产。这些重点作品，有的"以大见大"，全面展现中国人民打赢脱贫攻坚战、全面建成小康社会的时代影像，反映中华儿女真实鲜活、振奋人心的伟大实践；有的"以小见大"，通过讲述脱贫攻坚一线的故事彰显中国方案，用普通人物、普通家庭反映时代变迁，用小事件表现大主题，用小落点体现大格局，展现中国精神、中国力量，描绘中华民族具有里程碑意义的历史伟业。广电总局建立了重点项目台账，加强跟踪指导和服务，力争推出重量级、标杆性的作品。

大力提升贫困地区广播电视公共服务水平，满足人民群众美好生活新期待

习近平总书记指出，扶贫必扶智，扶贫先扶志。广电总局对接贫困地区群众精神文化生活需求，推动资源向基层延伸、向农村覆盖、向老少边贫地区，特别是深度贫困地区倾斜，着力促进广播电视公共服务提质增效。持续推进广播电视户户通，优质通，深入实施贫困地区县级广播电视播出机构直播能力和深度贫困县应急广播体系建设等重点惠民工程，"十三五"期间已落实资金106.18亿元，有效提升了贫困地区广播电视公共服务水平。在此次抗击疫情和之前抗震救灾等关键时期，基层应急广播发挥了积极作用，有效实现基层"最后一公里"的覆盖。全国农村广播电视现代传输覆盖体系初步形成，农村有线广播电视实际用户数已达0.74亿户，直播卫星公共服务已覆盖全国59.8万个行政村，服务用户达1.42亿，全国广播、电视节目综合覆盖率分别达到99.13%、99.39%。坚持传输覆盖与内容建设并重，加强节目内容供给，全国农村广播、电视节目制作播出时长保持稳定

增长，播出时间年均超过 400 万小时，全国少数民族广播电视节目制作译制时长年均超过 15 万小时。广电总局每年还向贫困地区、革命老区、少数民族地区等县级广播电视机构协调提供优质电视剧和节目。在疫情防控期间，特别协调向全国县级广播电视机构免费提供了抗疫公益宣传片、优秀电视节目和电视剧，有力服务了工作大局。目前，广电总局正大力推进智慧广电建设，积极策划实施"智慧广电乡村工程"，加快人工智能、大数据、云计算、区块链等高新技术应用，推进广播电视和网络视听与在线教育、在线医疗融合发展，为贫困地区提供更高质量的视听服务和"空中课堂"、远程会诊义诊等多形态产品，努力在脱贫攻坚中发挥更大作用。

充分发挥行业特色优势，积极推进产业扶贫

习近平总书记强调，发展产业是实现脱贫的根本之策。全国广电行业紧紧围绕"精准扶贫"，坚持"输血"与"造血"结合，探索可复制、可持续的产业扶贫举措，助力贫困地区产业发展。指导各级广播电视播出机构积极打造"媒体＋精准扶贫"模式，探索广告扶贫新路子，把贫困地区产品宣传与当地特色推介结合起来，提升扶贫产品的品牌知名度。协调知名网络视听机构参与扶贫工作，举办"创新扶贫模式　赋能持续发展——视听＋精准扶贫"论坛，打造"公益广告、节目＋消费扶贫""短视频、直播＋消费扶贫"模式，拓宽贫困地区农产品流通和销售的资源平台和信息渠道。从黄土高坡到雪域高原，从革命老区到民族地区，广播电视和网络视听充分发挥传播覆盖、平台整合和品牌影响等优势，努力开拓消费扶贫、产业扶贫新渠道，实现了广播电视和网络视听内容传播与贫困地区经济发展有机融合、相互促进。

扎实做好定点扶贫工作，精准发力见成效

四川省德格县、山西省平顺县是广电总局定点扶贫县。广电总局认真落实党中央关于定点扶贫的决策部署，加强组织领导，健全工作机制，总局党组同志多次带队深入定点扶贫县调研指导，全力以赴推进定点扶贫工作。指导推动广播电视和网络视听媒体开展形式多样的扶志扶智帮扶活动，组织业务骨干、艺术家到定点扶贫县开展宣传报道、慰问演出和文化交流，协调网络视听平台与定点扶贫县签订帮扶合作协议，实施定向扶贫培训计划，推动当地电商产业、旅游产业实现快速发展，有力提升定点扶贫县的自我发展能力。充分发挥党支部的战斗堡垒和先锋模范作用，组织机关部门和直属单位与贫困村建立结对帮扶关系，实现结对共建全覆盖。深入结对村走访慰问调研34批次，累计投入帮扶资金和物资600多万元，购买农产品120余万元，落实帮扶举措200余项，培训基层干部和技术人员3000余名，资助贫困学生6000余名，义务就诊贫困群众500余名，德格县和平顺县顺利实现脱贫摘帽。

决战脱贫攻坚，是以习近平同志为核心的党中央站在全面建成小康社会、实现中华民族伟大复兴中国梦的历史维度作出的重大战略部署，越到最后阶段越要绷紧弦、加把劲。全国广电行业一定紧密团结在以习近平同志为核心的党中央周围，不忘初心、牢记使命，认真履行职责使命，坚定不移做好服务脱贫攻坚各项工作，为全面建成小康社会、实现"两个一百年"奋斗目标作出新的更大贡献。

《学习时报》2020年6月12日

践行"两山"理论
完成生态扶贫目标任务

国家林业和草原局(国家公园管理局)

党组书记、局长(时任) 张建龙

习近平总书记在决战决胜脱贫攻坚座谈会上发表的重要讲话,是对脱贫攻坚战收官作出的再动员、再部署,是全国党员干部和人民群众决战决胜脱贫攻坚的根本遵循。林草生态扶贫是践行以人民为中心发展思想和"两山"理论的主战场,是在一个战场打好生态建设与脱贫攻坚两场战役的"双赢"之策。我们要以更大决心、更强力度把决战脱贫攻坚收官阶段各项工作抓实抓细抓到位,确保如期高质量完成林草生态扶贫目标任务,努力交出一份让党和人民满意的答卷。

深入学习贯彻习近平总书记重要讲话精神,全面扛起克服疫情影响打赢脱贫攻坚战的政治责任

习近平总书记强调,到 2020 年现行标准下的农村贫困人口全部脱贫,是党中央向全国人民作出的郑重承诺,必须如期实现,没有任何退路和弹性。这是一场硬仗,越到最后越要紧绷这根弦,不能停顿、不能大意、不能放松。我们要以习近平总书记关于扶贫工作重要

论述为根本遵循，把决战决胜脱贫攻坚作为重大政治任务摆在更加突出位置，在思想上政治上行动上同以习近平同志为核心的党中央保持高度一致，增强"四个意识"、坚定"四个自信"、做到"两个维护"，将统筹疫情防控和决战决胜脱贫攻坚当作一次大考，全力以赴、尽锐出战，狠抓精准、狠抓落实、狠抓成效，以高度的政治责任感，用更新举措、更多实招、更硬办法、更大勇气抓好林草生态扶贫工作。

虽然突如其来的新冠肺炎疫情打乱了原有节奏，也给脱贫攻坚工作带来了新的挑战，但我们的承诺不变、干劲不减。深入学习贯彻习近平总书记重要讲话精神，要充分认识决战决胜脱贫攻坚的重要性、艰巨性和紧迫性。全力以赴克服新冠肺炎疫情影响，坚持目标导向、问题导向和结果导向，充分发挥林草生态扶贫对象精准、措施精准、脱贫精准、带动精准的潜力和重要作用，分区分级推进林草生态产业复工复产，确保脱贫攻坚各项目标任务如期完成。

充分发挥林草行业优势，推动生态扶贫工作取得积极成效

我国森林草原区、生态脆弱区、深度贫困地区"三区"高度耦合，既是生态建设的重点区域，也是生态扶贫的主战场。党的十八大以来，各级林草部门深入贯彻落实习近平总书记关于生态扶贫工作的重要论述和党中央决策部署，充分发挥林草资源优势和政策优势，通过生态补偿扶贫、国土绿化扶贫、生态产业扶贫三项举措，助推深度贫困地区脱贫攻坚。

全面推进林草生态扶贫工作。挖掘林草扶贫就近就地、门槛低的从业潜力，增加脱贫就业岗位。着力推进生态扶贫工作，争取生态护林员中央财政补助资金140亿元，带动安排地方补助资金27亿元，选聘100万名建档立卡贫困人口担任生态护林员，精准带动300万贫

困人口脱贫和增收。将林草生态保护修复重大工程项目向贫困地区倾斜，新增退耕还林还草任务全部安排给贫困地区，重点地区贫困户均获得财产性收入9000元，林草植被面积持续增加，沙化土地和水土流失不断减少，森林覆盖率平均增长4个多百分点。指导中西部22个省（自治区、直辖市）贫困人口拓展增收渠道，大力推广合作造林扶贫模式，组建2.1万个生态扶贫专业合作社，吸纳120万贫困人口参与重大生态工程建设。大力推进以油茶为主的木本油料产业扶贫，仅油茶产业就带动173万贫困人口增收脱贫。通过政策引导、典型带路，推动贫困地区因地制宜发展林下经济、森林旅游等产业，巩固了脱贫成果。中西部22个省（自治区、直辖市）林业产业总产值达到4.26万亿元。

着力落实定点帮扶责任。细化实化定点扶贫任务，强化政治担当。不断强化定点帮扶举措，已连续两年超额完成责任书任务。完成挂职扶贫干部选派工作，组织开展结对帮扶、支部共建、捐款捐物、教育扶贫。发起设立生态扶贫专项基金，累计募集捐款2256万元，帮扶支持定点扶贫县打造产业扶贫示范项目。国家林草局针对定点扶贫县组织实施科技扶贫项目，培训基层林业管理干部、技术人员和致富带头人，变"输血式"扶贫为"造血式"扶贫；组织引导林业企业与定点县扶贫项目对接，为贫困县在林产品交易会、特色林果博览会开辟绿色通道；局机关还积极参与消费扶贫，采购贫困地区农产品，举办定点县"农特产品专卖"等活动。

助力深度贫困地区脱贫攻坚。充分利用深度贫困地区特殊林草资源优势，勇啃特殊贫困群体"硬骨头"。在大力推进滇桂黔石漠化片区生态扶贫工作过程中，3省（自治区）林草部门每年完成石漠化治理任务均在100万亩以上，通过对石漠化地区退耕还林还草、天然林资源保护、公益林管护生态面貌显著改善。值得一提的是，林草部门大力推动云南省怒江傈僳族自治州林业生态脱贫攻坚工作，全州累计选聘生态护林员 30145 名，带动 11 万余名贫困人口增收脱贫，占全州贫困人口总数的 77.2%，助力独龙族、普米族实现整族脱贫。大力推进新疆维吾尔自治区南疆地区特色林果产业扶贫工作，启动实施了南疆经果林质量精准提升工程，完成经果林改造任务 74 万亩，贫困人口依靠林果增收达到 50% 以上。

凝心聚力狠抓落实，确保高质量完成林草生态扶贫目标任务

2020 年是全面建成小康社会的收官之年，也是脱贫攻坚的决战决胜之年。习近平总书记要求努力克服疫情影响，多措并举巩固脱贫成果，接续推进全面脱贫与乡村振兴有效衔接。我们要深入贯彻落实习近平总书记重要讲话精神，全面梳理生态扶贫剩余任务，统筹推进疫情防控和脱贫攻坚，切实履职尽责、不辱使命，确保高质量完成林草生态扶贫目标任务。

加大对深度贫困地区和 52 个未脱贫摘帽县的扶持力度。把新增脱贫攻坚资金、项目主要集中到深度贫困地区和未摘帽县是党中央的要求，也是脱贫攻坚战的客观需求。就林草部门而言，一是继续扩大生态护林员选聘规模，统筹考虑对冲疫情带来的劳动力务工压力，将新增资金安排向"三区三州"深度贫困地区、尚未脱贫摘帽的 52 个贫困县倾斜，促进符合条件的建档立卡贫困人口选聘为生态护林员。二是把退耕还林还草任务全部安排到贫困地区，对符合条件的贫困村、贫困户实现全覆盖，实现应退尽退，严格落实退耕还林还草相关政策。三是大力推广山西吕梁合作造林扶贫模式，结合春季造林绿化，动员没有疫情和疫情较轻的地区扩大造林合作社规模，组织贫困人口参与生态建设，解决贫困人口出门务工难的问题；完善合作造林

脱贫模式长效机制，确保贫困群众长期有活干、年年有收益。四是推动生态扶贫产业项目早日复工复产，及时跟踪了解林草企业复工复产情况，帮助林草企业用好用足国家财政扶持政策和金融政策，推动林草企业尽早复工复产。指导各地大力发展林下经济、森林草原旅游、国家储备林、种苗花卉等生态产业，把生态产业扶贫作为巩固脱贫成果的根本措施。下大力气抓好油茶产业扶贫项目，推动油茶产业高质量发展。通过典型引路、示范带动、培训先行，激发贫困人口自觉脱贫的内生动力，建立健全生态扶贫长效机制。

加强对深度扶贫县的挂牌督战，切实抓好定点帮扶。在保持攻坚态势的基础上，继续加大工作力度，扎扎实实做好 2020 年定点扶贫工作。一是突出抓好挂牌督战罗城县脱贫摘帽工作。督促指导罗城县人民政府切实履行脱贫攻坚的主体责任，想办法、出实招，聚焦工作短板和突出问题，精准施策，举全局之力切实帮助罗城攻破"贫困堡垒"，确保剩余贫困人口如期脱贫，确保罗城县如期脱贫摘帽。二是全面完成 2020 年定点扶贫责任书各项任务。加大结对帮扶、消费帮扶力度，继续做好生态扶贫基金募集工作，确保 6 月底前完成定点帮扶责任书确定的各项指标任务。切实加强挂职干部管理，继续组织开展支部共建工作，加大对特殊贫困群体和困难党员的帮扶力度。

加强生态扶贫作风和能力建设。持续开展林草生态扶贫领域腐败和作风问题专项治理，进一步减轻基层负担。对中央脱贫攻坚开展的专项治理、督查巡查检查发现的问题，督促指导有关地方和单位认真制定整改措施，切实整改、整改到位。指导各地修订完善生态护林员选聘管理实施细则，切实加强和规范生态护林员选聘管理和岗位技能培训，加强生态护林员队伍建设，防止政策落地走形变样。始终把加强资金监管作为全面从严治党的一项重要内容，指导各地建立扶贫资金管理制度体系，完善扶贫资金项目监管长效机制，提高资金使用效益，严格执行财经法律法规纪律规定，严肃查处贪污挪用、失职渎职、截留私分扶贫款物等问题。

讲好生态扶贫故事。"三区三州"等地既是深度贫困地区，又是林草生态扶贫重点覆盖区，是生态扶贫典型事迹和感人故事的富集区。我们将采取多种方式，宣传习近平总书记关于生态扶贫工作的重要论述和党中央关于脱贫攻坚的决策部署，多渠道深入挖掘林草生态扶贫先进典型案例，宣传基层林草部门和林草干部统筹推进疫情防控和脱贫攻坚工作的新举措好办法和典型事迹，讲好怒江、三江源以及吕梁等地林草生态扶贫减贫故事。

《学习时报》2020 年 4 月 3 日

自觉践行初心使命
举全省之力坚决打赢脱贫攻坚战

河北省委书记　王东峰

习近平总书记对河北知之深、爱之切。党的十八大后，习近平总书记离京考察的第二站就到阜平县访真贫、看真贫，对脱贫攻坚作出重要指示，向全党全国发出了打赢脱贫攻坚战的动员令。党的十八大以来，习近平总书记先后 7 次视察河北，每次都对扶贫脱贫工作作出重要指示，为我们做好工作提供了强大动力、指明了前进方向。河北始终牢记习近平总书记殷切嘱托，自觉增强"四个意识"、坚定"四个自信"、做到"两个维护"，扎实推动习近平总书记重要指示和党中央决策部署落地见效，以脱贫攻坚实际成效坚决当好首都政治"护城河"。目前，全省 62 个贫困县全部摘帽，7746 个贫困村全部出列，贫困发生率由 2017 年的 2.1% 下降为 0.07%，2018 年、2019 年连续两年在国家考核中取得好成绩，脱贫攻坚取得决定性进展，充分彰显了中国共产党领导和中国特色社会主义制度的政治优势。

坚持以人民为中心的发展思想，全面落实脱贫攻坚政治责任领导责任工作责任

河北脱贫攻坚任务重。党的十九大以来，省委、省政府始终把脱贫攻坚作为头等大事和第一民生工程，以更大决心、更强力度、更实举措，把各项任务抓实抓细抓到位。

健全组织领导体系，五级书记抓扶贫。全面加强党对脱贫攻坚的领导，层层签订责任书、立下军令状，建立和落实定期研究脱贫攻坚、县乡党委书记"擂台赛"、五级书记遍访贫困对象等制度。省委先后45次召开省委常委会会议和专题会议，7次召开16万人参加的五级干部电视电话会议，举办"擂台赛"1400余期，34位省级领导干部每人分包1个贫困县，推动脱贫攻坚持续升级加力。

健全投入保障体系，集中财力办大事。发挥政府投入的有效作用，优先安排、足额保障、逐年增加财政专项扶贫资金投入，两年多来累计投入357.93亿元，其中省级财政2018年投入41.11亿元，2019年投入55.05亿元，分别比上年增长314%、33.9%。同时，加大资金整合使用力度，严格规范资金管理，实行贫困县扶贫资金审计全覆盖，最大限度地发挥了资金使用效益。

健全工作推进体系，跟踪问效督落实。着眼实现工作务实、过程扎实、结果真实，把脱贫攻坚作为全省重点工作大督查和巡视巡察的重要内容，开展明察暗访，加强常态督查督导。今年以来，组织开展"百日攻坚联合督战"，发现问题立即交办，倒排工期、挂图作战，每月一通报、每月一约谈，倒逼各项工作落实。

健全考核问责体系，正风肃纪树导向。发挥考核"指挥棒"作用，完善省级脱贫攻坚成效考核办法，对地方和部门实行责任捆绑和

"双线"考核并强化结果运用，持续深化扶贫领域腐败和作风问题专项整治，8 名实绩突出的贫困县县委书记提拔为副厅级干部并继续兼任县委书记，1187 名驻村干部提拔重用，对工作不严不实和失职失责的 6 名县委书记、2 名县长给予免职处理，起到重要的激励和警醒作用。

坚持聚焦目标标准不动摇，确保脱贫质量经得起历史和实践的检验

从河北情况看，"两不愁"问题已经基本解决，"三保障"还有薄弱环节。我们坚持问题导向、目标导向、结果导向，全面查漏补缺，加大力度，补齐短板弱项，为打赢脱贫攻坚战奠定坚实根基。

实施义务教育提升专项行动，不让一个贫困学生失学辍学。把发展教育扶贫作为治本之计，完善动态跟踪监测、入学联控联保机制，实行"一对一"包联，阻断贫困代际传递。逐人落实教育扶贫补助政策，2018 年以来安排补助资金 6.88 亿元，"三免一助"政策资助贫困家庭学生 19.99 万人次。投入专项资金 19.6 亿元，新建、改扩建校舍面积 58 万平方米，促进了贫困地区办学条件不断改善。

实施基本医疗提升专项行动，使贫困群众方便看病、看得起病。加快推进医联体、医共体建设，实行乡镇卫生院、村卫生室一体化管理，消除了村卫生室和村医"空白点"。完善基本医保＋大病保险＋医疗救助三重保障制度，实施县域内住院先诊疗后付费和"一站式"报销服务，25 种大病集中救治率达到 99.51%，县域内就诊率达到91.4%，有效防止了因病致贫返贫。

实施危房改造提升专项行动，保证群众住房安全。把建档立卡贫困户、低保户、农村分散供养特困人员和贫困残疾人家庭等 4 类重点

对象危房全部纳入改造计划，2018 年以来投入专项资金 13.4 亿元，改造农村危房 70590 户，提前完成国家下达任务。对今年动态新增的 1564 户农村危房，全部纳入改造范围，省级财政配套 2.13 亿元，确保 6 月底前全部完成。

实施饮水安全提升专项行动，全面解决一些区域高氟水问题。加大用水设备改造力度，用好引江水、引黄水和水库水源，有序关闭自备井，加强水源保障和水质监测，综合治理地下水超采。两年多来，解决 35.37 万贫困人口饮水安全问题，让农村居民都喝上了干净卫生水。

实施"双基"建设提升专项行动，不断改善生产生活条件。聚焦深度贫困地区，累计投资 23.5 亿元，实施基础设施和基本公共服务项目 2786 个，其中新建改建农村道路 13011 公里，光纤宽带和 4G 信号实现全覆盖，贫困村面貌大为改观。

坚持落实精准扶贫脱贫基本方略，切实增强发展内生动力和造血功能

脱贫攻坚贵在精准，重在精准，成败之举在于精准。我们在全省组织开展以"六个清单"为主要内容的脱贫攻坚"回头看"，逐项进行全面排查，因人因户精准施策。

深化产业就业科技扶贫，多渠道增加群众收入。把发展生产作为主攻方向，坚持一乡一业、一村一品，推广"农户＋专业合作社＋基地＋协会"的"四位一体"生产经营模式，实施特色产业扶贫项目 5.3 万个，做到户户有增收项目、人人有脱贫门路。加强职业技能培训，面向京津推动跨省就业，开发扶贫公益岗位，大力发展扶贫车间，帮扶 28.33 万贫困劳动力实现就业增收。落实科技特派员制度，

创建太行山农业创新驿站 81 个，选派 1 万多名科技工作者开展科技扶贫。2018 年和 2019 年，全省国定贫困县农民人均可支配收入同比增长 11.4%、12.4%，分别高于全省平均水平 2.5 和 2.8 个百分点。

深化易地搬迁扶贫，以创新举措滚动实施"空心村"治理。结合推进新型城镇化，用足用好城乡建设用地增减挂钩政策，纳入"十三五"搬迁计划的 30.2 万人全部搬迁安置，406 个集中安置项目全部交付使用，启动 1073 个空置率 50% 以上的空心村搬迁工作，今年年底前完成治理任务。下功夫解决好搬迁后人员就业创业问题，配套建设 632 个扶贫产业园区（项目），积极探索搬迁村村改居和群众农改非政策，有条件的依法依规赋予安置房大产权，确保搬得出、稳得住、能就业、逐步能致富。

深化大扶贫格局，充分发挥各类帮扶资源作用。坚持政府、社会、市场协同推进，2018 年以来中央单位定点扶贫直接投入帮扶资金 3.94 亿元、引进资金 16.32 亿元，京津对口扶贫投入财政资金 41.62 亿元、实施帮扶项目 1768 个，驻冀部队出动 30 多万人次、投入和协调帮扶资金 2.2 亿元，有效推动贫困地区加快发展。组织开展"千企帮千村"行动，动员 1.12 万家企业和社会组织结对帮扶 1.64 万个行政村，累计投入资金 57.9 亿元，帮扶贫项目、帮产销对接、帮就业创业，贫困群众得到实实在在实惠。

坚持建立健全防贫长效机制，切实巩固和提升扶贫脱贫工作成效

着眼于防止已脱贫人口返贫和新增贫困人口，促进贫困地区可持续发展，坚持脱贫和防贫一起抓，对 228.9 万贫困人口和 157.5 万低保对象，全部建档立卡，分类实施帮扶，实现了脱贫人口零返贫，

2019 年全省新发生贫困人口同比下降 94.2%。

深入落实"四个不摘"要求，做到扶上马、送一程。坚持摘帽不摘责任、不摘政策、不摘帮扶、不摘监管，保持脱贫攻坚政策总体稳定，今年省级财政专项扶贫资金投入比上年增长 26.5%，全省 8414 个驻村工作队、24923 名驻村干部克服疫情影响，全部到岗开展帮扶工作。

深入推进政策和体制创新，确保"不让一个人掉队"。制定关于建立健全脱贫防贫长效机制的意见，形成党政主导、市场运作、群众主体、社会参与的工作格局。加强常态化排查和监测预警，紧紧盯住贫困线和低保线两条标准，对全省排查出的存在致贫返贫风险的 2.9 万户、6.7 万人，全部纳入帮扶范围。

深入实施社会综合保障，织密筑牢防贫防线。创新设立社会救助基金，省级投入财政资金 1000 万元，市县按照不少于 500 万元的标准投入引导金，重点资助扶贫兜底政策覆盖不到、有特殊困难的群众。同时，充分发挥防贫保险作用，有效防止致贫返贫。今年以来累计救助防贫对象 1.9 万户 3.1 万人，救助金额 4044.7 万元。研究编制"十四五"巩固脱贫成果规划，加快建立解决相对贫困的长效机制，推动全面脱贫与乡村振兴有效衔接。

坚持统筹抓好疫情防控和扶贫脱贫，奋力夺取脱贫攻坚战全面胜利

我们深入学习贯彻习近平总书记重要讲话精神和党中央决策部署，坚持目标标准、精准方略、从严从实，加大投入力度、工作力度、帮扶力度，坚决克服新冠肺炎疫情影响，坚决抓好国家考核反馈意见整改，确保脱贫攻坚战如期圆满收官。

着力抓好要素供给，推动贫困地区复工复产。强化政策保障，

严格落实支持和优惠政策，出台生产补贴、减免租金等措施，支持带贫益贫企业和扶贫项目复工复产，全省扶贫龙头企业复产率达到98.39%，扶贫车间复工率达到98.49%。强化交通保障，开辟"绿色通道"，推行健康码跨区域互认，加强客运、货物运输管理服务，确保员工回得来、原料供得上、产品出得去。强化资金保障，将扶贫工程项目预付款比例调高至项目资金的50%，目前扶贫项目已开工8461个。

着力创新服务举措，促进贫困群众稳定就业。通过促进贫困劳动力有序返岗扶持一批，采取提供就业补助、开通专车包车等措施，"点对点"帮助贫困劳动力返程务工。通过深化京津劳务协作输出一批，及时发布岗位需求信息，做好岗前培训，培育打造"燕赵家政·河北福嫂"等特色品牌。通过开辟就业岗位解决一批，积极开发与疫情防控相关的镇村保洁环卫、防疫消杀、社区巡查等临时性扶贫公益岗位，促进就近就地就业。目前，全省贫困劳动力外出务工达53.4万人。

着力加强动态帮扶，切实防范因疫情致贫问题。完善信息化监测预警系统，对存在因疫情致贫返贫风险的，加强跟踪管理，统筹运用产业就业、低保、医保、养老保险、特殊人员救助供养等政策措施，扎实做好纾难解困工作，切实兜住兜好保障底线，确保脱贫工作不受疫情影响。

着力开展"抓党建、促脱贫、保小康"活动，切实夯实基层基础。大力整顿软弱涣散农村党组织，配齐配强村党组织书记，加大基层投入力度，建立健全党支部、村委会、保洁队、服务站、合作社协调联动的农村组织体系，充分发挥基层党组织战斗堡垒作用和党员先锋模范作用，努力为每个贫困村留下一支"永不走的工作队"，构建凝心聚力加油干、携手脱贫奔小康的生动局面。

《学习时报》2020年4月6日

决胜脱贫攻坚　巩固脱贫成果

山西省委书记　楼阳生

习近平总书记出席决战决胜脱贫攻坚座谈会时强调，到 2020 年现行标准下的农村贫困人口全部脱贫，是党中央向全国人民作出的郑重承诺，必须如期实现。这是一场硬仗，越到最后越要紧绷这根弦，不能停顿、不能大意、不能放松。各级党委和政府要不忘初心、牢记使命，坚定信心、顽强奋斗，以更大决心、更强力度推进脱贫攻坚，坚决克服新冠肺炎疫情影响，坚决夺取脱贫攻坚战全面胜利，坚决完成这项对中华民族、对人类都具有重大意义的伟业。5 月 11 日至 12 日，习近平总书记时隔不到 3 年再次亲临山西考察，叮嘱我们做好剩余未脱贫人口、存在返贫风险的已脱贫人口和致贫风险边缘人口的工作，巩固和拓展脱贫成果。近年来，习近平总书记在多个场合发表重要讲话、作出重要指示，对脱贫攻坚进行部署、提出要求，为山西打赢脱贫攻坚战指明了前进方向、提供了根本遵循。山西省委始终把决战决胜脱贫攻坚作为"两个维护"的具体行动来定位、来落实。

克服疫情影响，确保如期高质量完成脱贫攻坚任务

近年来，山西省坚持以习近平新时代中国特色社会主义思想为指

导，认真贯彻落实党中央关于脱贫攻坚的决策部署，五级书记一起抓，全省上下齐努力，脱贫攻坚取得决定性成就。到 2019 年年底，全省 58 个贫困县全部摘帽，7993 个贫困村全部退出，贫困发生率由 13.6% 降至 0.1% 以下，贫困群众收入水平大幅提高，生产生活条件明显改善，生态扶贫、光伏扶贫、易地扶贫搬迁、造林合作社等工作走在全国前列。今年是脱贫攻坚收官之年，又遭遇疫情影响，工作任务更加繁重而艰巨。对此，山西坚持目标标准不动摇，工作力度不减弱，统筹推进疫情防控和脱贫攻坚。

全面完成剩余任务。到去年年底，山西还有 2.16 万贫困人口，还有 12.4 万脱贫不稳人口和边缘易致贫人口。完成好剩余任务，让贫困群众全部脱贫是需要攻克的最后堡垒。山西对于未脱贫人口，坚持"一户一案""一户一策"，有劳动力的贫困户，强化产业就业帮扶，确实无法离乡、无业可扶的，省里拿出 1 亿元就业补助资金多渠道开发公益岗位，实现每户至少有 1 人就业；没有劳动力的，统筹落实低保、医保、养老保险等，确保收入水平达到现行脱贫标准。比如，今年农村低保保障标准省级提标 240 元，全省平均达到 5319 元。对于脱贫不稳人口和边缘易致贫人口，建立防止返贫监测和动态帮扶机制，变致贫返贫后才帮扶为及早发现、提前干预。比如，给有劳动能力的边缘人口发放扶贫小额信贷等，截至今年 5 月，预防性帮扶措施覆盖率达到 97.9%。

着力防止因疫返贫。在贫困群众的四项主要收入，即工资性收入、经营性收入、转移性收入和财产性收入中，前两项占大头，而疫情影响最大的正是这两块。省委、省政府多次深入研究，出台克服疫情影响确保贫困群众产业就业增收的 28 条具体举措，千方百计帮助群众守住"基本盘"。山西加强用工组织，要求财政投入项目优先吸纳贫困劳动力就业，开展"点对点"省外劳务输出，并加强跟踪服务，帮助因为种种原因失业的再就业。加快复工复产，今年计划实施的1.41万个扶贫项目已开工1.38万个，426家扶贫龙头企业全部复工，943家扶贫车间中除2家因季节性生产原因未开工外其余全部复工。加大促销力度，组织认定扶贫产品1110种，累计销售贫困地区农副产品10.31万吨、9.05亿元。截至今年5月，全省贫困劳动力累计务工就业87.2万人，同比增加5.4万人。今年一季度，贫困地区农民人均可支配收入2707元，增长2.7%，高出全省平均水平2.8个百分点。

持续紧盯问题整改。确保脱贫成色和质量、交好合格总账，既要保就业促增收，也要补齐"三保障"的短板弱项。今年以来，山西抓住最后时间窗口，靶向发力强力推进问题整改。实施台账管理，省级建立台账，统一编码，分类反馈部门、打包交办市县，做到"一本账、一账清"，坚持建账、理账、对账、交账、算账"五账法"，强化过程管控，全程监督、全程管理、全程指导。紧盯整改质量，实施提级验收，对不合格的限期"回炉"整改。坚持举一反三，对各渠道反馈的问题，逐村逐户逐人查缺补漏，动态跟进，深入整改。截至今年6月上旬，"国考"细化分解91条问题基本整改到位；省级交办4257条问题整改完成98.7%，确保6月底全部整改到位。

加强改革探索，扎实推进脱贫攻坚与乡村振兴的有机衔接

脱贫摘帽不是终点，而是新生活新奋斗的起点，要推动脱贫攻坚和乡村振兴有机衔接。在山西视察期间，习近平总书记明确提出巩固脱贫成果的课题。对此，山西立足实际，深入调研，积极探索，下功夫防止返贫致贫，不断增进群众福祉。

完善养老制度解难题。贫困人口普遍年龄大、资金缺、技能少、创收能力弱。为巩固脱贫成果，在现有城乡居民基本养老保险制度的

基础上，按照标准适度、能兜住底、可承受、可持续和随经济发展、物价变化动态调整的原则，在全国率先探索建立补充养老保险制度。补充养老保险参照基本养老保险规定，每年缴纳保费设200元、500元、1000元、2000元、5000元5个档次，由个人（赡养人员、家庭）缴纳、政府补贴、集体补助和社会资助构成，政府入口补贴相应提高为基本养老保险的2倍，同时还有出口补贴，旨在吸引人们积极参保，多缴多得、长缴多得，参保人65岁开始领取待遇。经省政府指定的权威部门确定低收入标准（对应脱贫前的贫困线）和相应人群后，对城乡老年居民中年收入高于低收入标准的，引导其自愿参保，改善老年生活；对年收入低于低收入标准且无子女或子女无赡养能力的，在基本养老保险待遇基础上，政府每月再补助220元（80岁以上为230元，与低保、特困群体待遇不同时享受），确保其年收入在低收入标准以上；对年收入低于低收入标准但子女有赡养能力的，首先是教育引导子女赡养好老人，同时进行专门立法，通过司法程序督促、强制子女帮助父母缴费参保，使赡养人履行义务，确保让老人的收入水平高于低收入标准。总之，通过党委决定、人大立法、政府制定办法、司法机关保障等组合拳，有效破解全面脱贫后农村老年人容易返贫难题，建立让老年人老有所养、在全社会弘扬孝亲敬老传统美德的长效机制，健全衔接乡村振兴、彰显党的宗旨的制度安排。

发展特优产业强支撑。坚持把产业振兴作为贫困群众稳定脱贫致富的硬核支撑，贯穿于脱贫攻坚、全面小康、乡村振兴全过程。立足资源优势和产业基础，紧跟大众健康需求和消费潮流，按照做"优"做"特"要求，着力打造酿品、饮品等农产品精深加工十大产业集群。特别是进一步把黄花产业保护好、发展好，做成全国知名品牌，致力于让黄花成为乡亲们的"致富花"。大力发展药茶产业，狠抓标准制定、质量控制、品牌推广等关键环节，推出"山西药茶"省级区域公用品牌，着力打造中国第七大茶系，使其成为新的富民产业。为确保贫困群众受益，不断强化带贫益贫利益联结，已在5633个贫困村建立起村有脱贫产业、有带动企业、有合作社和户有增收项目、有技能人员的产业扶贫"五有"机制，入选全国产业扶贫十大机制创新典型。全省光伏扶贫累计建设村级电站4994座、集中电站54座，41.6万贫困户受益；电商扶贫实现县级服务（运营）中心贫困县全覆盖，带动15.9万贫困人口增收；乡村旅游扶贫300个示范村建设初具规模，带动16.1万贫困人口增收。

狠抓技能培训促增收。针对贫困人口务工就业缺乏技能的突出短板，紧盯技能就业、技能增收、技能脱贫，大力实施"人人持证、技能社会"全民技能提升工程。围绕家政服务、养老护理等领域，建立了"政府支持、专业培训、持证上岗、跟踪服务"工作机制，到2019年年底累计培训贫困劳动力23.5万人，打造出"吕梁山护工""天镇保姆"等特色劳务品牌近70个。最近，山西将在广泛调研的基础上作出新的部署安排，把工作对象从贫困劳动力扩展到边缘户劳动力以及其他农村劳动力，按照三年行动方案，全面实施建档立卡管理，普遍推行持证就业，提升就业本领、稳岗转岗能力和工资性收入水平。学习借鉴浙江"千万工程"经验，从重点解决乱搭乱建、乱堆乱放、乱扔乱倒垃圾"三乱"入手，持续改善农村人居环境。深入开展"零上访、零事故、零案件"创建工作，不断提升基层社会治理能力和水平，力争到2022年全省"三零"村达到80%以上，切实增强人民群众的获得感、幸福感、安全感。

扛起政治责任，忠实践行以人民为中心的发展思想

打赢脱贫攻坚战是当代共产党人的历史担当和时代使命，山西省

委始终把脱贫攻坚摆在全局工作的突出位置，全省各级各部门牢固树立军令状意识，坚决扛起政治责任，切实加强组织领导。省市县三级成立脱贫攻坚领导小组，党政主要领导任双组长，省市县乡党政领导"双签"脱贫攻坚责任书。把脱贫攻坚成效纳入年度目标责任考核和市县党政主要领导考核体系，组织市委书记面对省四套班子领导就脱贫攻坚工作述职，省委省政府主要领导现场点评。组建7个督导组，常驻市县跟踪督导，开展两轮脱贫攻坚专项巡视，覆盖所有贫困县。加强考核问责，2016年至2019年，因脱贫攻坚问责处理县委书记、县长共4人。今年以来，山西严格落实"四个不摘"要求，"双签"责任不变，现行扶贫政策保持总体稳定。省委常委会6次研究脱贫攻坚工作，坚决贯彻党中央决策部署。已召开的41次抗疫专题会中，多次把脱贫攻坚作为重要内容。省委主要领导带头，省委常委、副省长采取"四不两直"方式，深入各自联系帮扶县明察暗访、调研指导。对"省考"综合评价一般的4位县委书记约谈；对"国考"发现问题的4个县、一季度重点工作推进慢的22位县委书记常态化约谈，对剩余贫困人口多、工作难度大的18个县和扶贫资金工程项目、易地扶贫搬迁方面存在突出问题的县挂牌督战。保持各方面帮扶工作强度，全省有13985支工作队、42404名队员、10009名第一书记坚守在脱贫攻坚第一线。

切实加强基层党组织建设，着力打造"不走的工作队"。不断深化对习近平新时代中国特色社会主义思想的学习，巩固拓展"不忘初心、牢记使命"主题教育成果，以县为单位实现贫困村党组织书记集中轮训全覆盖，持续整顿软弱涣散贫困村党组织，深入开展扶贫领域不正之风和腐败问题专项治理，定期通报典型案例。同时，适当提高基层干部待遇，积极改善工作生活条件，村"两委"主干岗位报酬全部高于所在县（市、区）上年度农村居民人均可支配收入的2.5倍。

今年，山西又从省直、市直部门选派 500 余名年轻干部到乡镇任职，选派 3000 余名事业单位干部到村担任党组织书记，进一步提升农村干部整体水平，强化基层党组织的战斗堡垒作用。

脱贫致富最终要靠贫困群众用自己的辛勤劳动来实现。山西坚持扶贫扶志结合，出台关于深化扶贫扶志促进精准脱贫的实施意见，建立健全有志想做、有事可做、有技会做、有钱能做、有人领做帮扶机制，充分激发贫困群众的内生动力。大力弘扬"太行精神""吕梁精神""右玉精神"，在全省广大农村开展感恩奋进教育，引导贫困群众知党恩、感恩党，听党话、跟党走。广泛选树自主脱贫先进典型，开办道德讲堂、农民夜校等，设立孝善养老基金，教育引导贫困群众提振脱贫攻坚"精气神"，靠自强奋斗创造更加美好的新生活。

脱贫攻坚收官在即、交总账在即，山西有信心有决心学习贯彻好习近平总书记重要指示精神，巩固好脱贫成果，做足质量成色，坚决打赢这场硬仗，向党中央、向全省人民、向历史交出一份合格答卷。

《学习时报》2020 年 7 月 10 日

坚决打赢"攻""防""改"硬仗 奋力夺取脱贫攻坚战全面胜利

内蒙古自治区党委书记　　石泰峰

进入脱贫攻坚战收官之年，面对新冠肺炎疫情这个最大不确定影响因素，以习近平同志为核心的党中央统揽全局、运筹帷幄，及时发出总攻号令、作出总攻部署，团结带领全党全国各族人民顽强奋斗，坚决完成脱贫攻坚这项对中华民族、对人类都具有重大意义的伟业。内蒙古自治区深入贯彻习近平总书记指示要求和党中央决策部署，组织动员全区上下凝心聚力战"贫"战"疫"，确保如期完成脱贫攻坚目标任务，确保全面建成小康社会。

全力投入总攻决战，以高度的政治自觉推进脱贫攻坚全面收官

党的十八大以来，党中央把脱贫攻坚摆在治国理政的突出位置，习近平总书记亲自挂帅出征、亲自指挥督战，推动脱贫攻坚取得决定性成就，创造出世所罕见的人间奇迹。习近平总书记对内蒙古的扶贫脱贫工作一直牵挂于心，在确定十三届全国人大代表中央提名人选的选举地区时选择了内蒙古自治区，充分表达了党中央对民族地区、边

疆地区的重视，充分体现了党中央加快推进欠发达地区发展、坚决打赢脱贫攻坚战的决心。总书记在考察内蒙古和参加内蒙古代表团审议时，都突出强调扶贫脱贫问题，从执政理念到为民情怀，从目标任务到方略方法，从思想作风到工作作风，全面引领、全方位指导，为内蒙古打赢脱贫攻坚战指路定向、把脉定策。

内蒙古的脱贫攻坚，在全国大局中具有特殊性。作为我国最早成立民族自治区的地方、党的民族区域自治制度最早付诸实施的地方，内蒙古的脱贫攻坚既是民生工作也是民族工作，既是民生问题也是政治问题，关乎全局、关乎长远、关乎根本。确保如期高质量完成脱贫攻坚目标任务，做到全面建成小康社会一个人不少、一个民族不少，对坚持和完善民族区域自治制度、做好新时代民族工作、推动边疆民族地区高质量发展都有示范效应，在全国、在国际上都有积极意义。

现在脱贫攻坚战已进入总攻决战倒计时，正处在夺取全面胜利的紧要关头。全区各级党组织和广大党员干部牢记嘱托、感恩奋进，坚持把学习贯彻习近平总书记关于扶贫工作的重要论述和关于内蒙古工作的重要讲话重要指示批示精神贯穿脱贫攻坚工作始终，从思想和行动上全面对标对表，从政治和全局上不断深化对打赢脱贫攻坚战特殊意义的认识，以坚决做到"两个维护"的站位和觉悟履职尽责、履行使命。自治区党委坚持把严防松劲懈怠、精力转移作为推进总攻决战必须解决好的最大问题，教育引导广大干部越到最后关头越要绷紧弦、铆足劲，丝毫不能停顿、不能大意、不能放松，以更大的决心、更强的力度、更加务实精准的举措推进脱贫攻坚，用实际行动诠释忠诚干净担当。

精准打好组合拳，以钉钉子精神完成脱贫攻坚各项目标任务

经过党的十八大以来 7 年多的艰苦努力，内蒙古的扶贫脱贫工作

取得了决定性进展，贫困人口从 2013 年的 157 万人减少到 2019 年的 1.6 万人，贫困发生率由 11.7% 下降到 0.11%，所有贫困旗县和贫困嘎查村全部摘帽出列，区域性整体贫困得到解决。但完成剩余脱贫攻坚任务、巩固脱贫成果还有许多硬骨头要啃，新冠肺炎疫情又带来新的困难和挑战，工作中仍存在一些亟待解决的突出问题，夺取脱贫攻坚战全面胜利并不容易。我们认真贯彻落实党中央决策部署，准确把握形势发展变化，从实际出发打出"攻""防""改"组合拳，全力做好脱贫攻坚收官工作，努力提高脱贫攻坚的成色和质量。

聚焦剩余任务"攻"。紧紧盯住 1.6 万未脱贫人口，细化帮扶的政策和项目，特别是针对因病因残致贫群众比例高的实际，强化综合性保障措施，健全长效化制度机制，确保所有建档立卡贫困人口如期脱贫、稳定脱贫。紧紧盯住"三保障"和饮水安全短板弱项，精准开展筛查核查，深入推进清零达标，集中解决项目缺配套、服务跟不上、成效不稳固等问题，着力提高贫困人口基本生活保障质量。紧紧盯住 18 万多易地扶贫搬迁和同步搬迁群众，加强集中安置点配套，加强后续扶持工作，着力解决产业、就业、基本公共服务、社会融入、社区治理等方面的问题，确保他们稳得住、有就业、逐步能致富。紧紧盯住存在返贫风险的 1.3 万和存在致贫风险的 2.9 万人群，建立监测预警机制，采取提前预防措施，及时将返贫致贫人口纳入帮扶范围。紧紧盯住产业扶贫这个巩固脱贫成果的长久之策，加强统筹规划和长远谋划，依托优势产业带和产业集群，发挥龙头企业、新型经营主体带贫发展作用，培育打造一批优势特色扶贫产业，完善带贫益贫利益联结机制，使更多贫困群众实现就地就近就业、持续稳定增收。紧紧盯住脱贫攻坚政策的稳定，严格落实"四不摘"要求，切实保持脱贫责任、政策、帮扶、监管的连续性，接续推进全面脱贫与乡村振兴的有效衔接，使脱贫的基础更加牢靠、致富的道路越走越宽。

聚焦疫情影响"防"。突如其来的新冠肺炎疫情，给正常生产经营秩序造成较大冲击，给完成脱贫攻坚目标任务带来一定难度，对经济社会发展的直接和间接影响都不容低估。坚决打好疫情防控这场整体战，认真做好疫情防控这道加试题，严格落实精准防控策略和常态化防控举措，做实做细外防输入、内防反弹防控工作，加紧推进生产生活秩序全面恢复，尽最大努力克服经济下行压力，防止各类风险挑战叠加、阻滞脱贫攻坚收官进程。优先支持贫困劳动力务工就业，坚持稳岗拓岗并举、区内区外统筹，发挥中央单位定点扶贫和京蒙扶贫协作等机制作用，加强劳务输出地和输入地精准对接，"点对点"帮助贫困劳动力安全有序返岗，有针对性地开发公益岗位，鼓励和引导企业、项目更多吸纳贫困劳动力就业。有效防止和解决扶贫农畜产品积压滞销，全方位组织产销对接、疏通外销物流梗阻，深入开展消费扶贫行动，大力推进电商扶贫，区内区外、线上线下共同发力解决农畜产品卖难问题。全力保障扶贫产业恢复生产，综合运用财政、金融等扶贫政策，盯住生产、存储、运输、销售等环节的堵点和痛点，坚持"一企一策""一项目一策"，逐个会诊开方施治，促进扶贫产业持续发展。加快推进扶贫项目开工复工，分期分批进行调度，集中资源力量解决实际问题，确保易地搬迁配套设施建设、住房和饮水安全扫尾工程等任务顺利推进、如期完成。密切跟踪受疫情影响的贫困人口和困难群众情况，及时落实兜底保障等帮扶措施，做好因疫致贫返贫人口预防帮扶工作。

聚焦突出问题"改"。强化以问题整改促进脱贫攻坚的意识，把中央脱贫攻坚专项巡视"回头看"和国家脱贫攻坚成效考核指出的问题、"不忘初心、牢记使命"主题教育检视出的问题、全区摸底排查发现的问题统筹起来，一体建立清单台账，一体推进整改落实。强化从本级、本身改起的意识，坚持从自治区党委做起、从党委常委同志做起，把自己摆进去、到基层一线去解决问题，以下看上、以上率下，形成整改落实的头雁效应。强化限时改、彻底改的意识，在全区开展脱贫攻坚问题整改"百日攻坚"，制定实打实、可操作、真管用的措施，握指成拳、倒排工期、集中推进，确保今年6月底前立行立改问题全部清仓见底、长期整改问题取得实质性突破，决不带着这些问题接受脱贫攻坚普查、宣布脱贫攻坚收官。

坚决扛起政治责任，在大战大考中兑现向人民作出的郑重承诺

脱贫攻坚是重大政治任务，越到最后时刻越要强化党的领导，强化责任担当，全方位夯实政治责任、领导责任、工作责任，为决战决胜、全面收官提供坚强保证。

牢牢牵住责任制这个"牛鼻子"，适应总攻决战的政治要求和实践要求，紧扣"省负总责、市县抓落实"和"党政一把手负总责、五级书记一起抓"。进一步健全完善责任体系和责任链条，压紧压实各级党委和政府的主体责任、纪检监察机关的监督责任，全链条拧紧各级领导干部特别是省级领导干部、各地各部门和派驻旗县工作总队、驻村工作队的责任，完善扶贫协作、定点扶贫和定点帮扶等机制，强化尽锐出战工作格局和总攻决战工作机制，激发内力、用好外力、形成合力，不折不扣完成好脱贫攻坚各项目标任务。

持续推进抓党建促脱贫攻坚，以巡视、考核整改为切入口，以提升基层党组织政治功能和战斗堡垒作用为着力点，深化扶贫领域腐败和作风问题专项治理，深化形式主义、官僚主义整治，深化发展观、政绩观、群众观教育，推动整顿软弱涣散基层党组织常态化，推动践行党的初心使命和党的群众路线长效化。坚持在脱贫攻坚一线培养锤

炼干部、考察识别干部，落实"三个区分开来"要求，落实关爱保障各项措施，激发锐意进取、奋发有为的精气神，激扬重实绩、重实干的好风尚，调动广大党员干部干事创业的积极性主动性创造性，在大战大考中向党和人民交出优异答卷，为建设亮丽内蒙古、共圆伟大中国梦作出新的更大贡献。

《学习时报》2020 年 5 月 22 日

发起决战决胜脱贫攻坚的总攻行动

吉林省委书记（时任） 巴音朝鲁

习近平总书记在决战决胜脱贫攻坚座谈会上发表的重要讲话，是在脱贫攻坚关键时刻的总攻令、疫情防控特殊时期的集结号、全面小康决战阶段的宣言书。总攻的号角已经吹响，中华民族的千年梦想就要在我们这一代人手中变成现实。我们一定要深入学习贯彻习近平总书记重要讲话精神，坚定必胜信心，深化问题导向，坚持精准方略，始终从严从实，一鼓作气、乘势而上、尽锐出战，发起决战决胜脱贫攻坚总攻行动，确保如期完成脱贫攻坚目标任务，确保全面建成小康社会。

聚焦总攻目标，坚决攻克绝对贫困的最后堡垒

近年来，吉林省脱贫攻坚取得重要决定性进展，贫困人口从2015年年底的70万人减少到10063人，贫困发生率由4.9％降至0.07％，"两不愁"质量明显提升，"三保障"突出问题总体解决，为全面打赢脱贫攻坚战奠定了坚实基础。当前发起总攻行动，从吉林省实际出发，必须盯住"三个一万人"：剩余贫困人口10063人、存在返贫风险的10325人和边缘人口13603人。要压实各级包保责任，采

取"一对一"帮扶、"滴灌式"投入措施，逐户逐人分析致贫原因和帮扶需求，分类采取产业扶贫、就业扶贫、消费扶贫、生态扶贫、政策兜底等帮扶举措，确保剩余贫困人口全部脱贫。要严格落实"四个不摘"要求，保持政策稳定性和连续性，留有一定的缓冲期，主要政策措施不能急刹车，驻村工作队不能撤，确保存在返贫风险的群众不返贫。要建立健全防止返贫监测和帮扶机制，重点关注老年人、重症病人、慢性病人、残疾人等特殊困难群体以及收入骤减或支出骤增的人员，提前采取针对性帮扶措施，确保边缘人口不致贫。要把"三个一万人"的工作作为挂牌督战的重要内容，持续压实责任，强化攻坚措施，逐一对账销号。突如其来的疫情对脱贫攻坚造成了一定影响、带来了新的挑战。疫情防控和脱贫攻坚都是必须完成好的政治任务，疫情防控一丝不能放松，脱贫攻坚一天也不能耽误；疫情防控不容半点闪失，脱贫攻坚也不能有任何懈怠。要落实分区分级精准防控策略，统筹抓好疫情防控和脱贫攻坚工作，着力做好贫困人口务工就业、扶贫产业复工复产、扶贫农畜牧产品卖难、因疫致贫返贫人口帮扶等重点工作，把疫情影响降至最低，夺取疫情防控和脱贫攻坚双胜利。

完善总攻政策，打出一套战术组合拳

收官之年，攻坚政策只能加强、不能减弱，必须在政策调整完善、优化组合、宣传普及等方面下功夫，打通政策落实"最后一公里"，确保政策兑现、群众受益。要加大财政政策支持力度，继续保持各级财政专项扶贫资金适度增长，提高有关奖补标准，强化生产补贴和贴息支持，加强扶贫资金监管，提高资金使用效率和效益。要加大金融政策支持力度，稳妥推进扶贫小额贷款，鼓励金融机构加大对贫困地区信贷投放，不断增强金融助脱贫攻坚的精准性和有效性。要加大产业政策支持力度，加强对扶贫龙头企业和扶贫农民合作社的扶持，发展壮大集体经济，完善利益联结和风险防范机制，落实扶贫产业收入保险政策，大力支持特色种养、乡村旅游、农村电商等新业态发展，把贫困人口稳定嵌入产业链。要加大就业政策支持力度，强化有组织劳务输出，鼓励企业更多招用贫困地区特别是建档立卡贫困家庭人员，开发扶贫公益性岗位和临时性扶贫特岗，促进贫困劳动力稳就业、稳收入。要加大兜底保障政策力度，严格落实最低生活保障、基本养老保险、贫困残疾人保障、临时救助等政策，进一步织牢贫困人口综合保障网。今年脱贫攻坚结束后，扶贫工作重心将从绝对贫困的集中攻坚转为对相对贫困的日常帮扶。要探索建立解决相对贫困的长效机制，适时启动"十四五"减贫规划编制工作，推动全面脱贫与乡村振兴有效衔接，建立长短结合、标本兼治的体制机制，逐步实现共同富裕。

严格总攻标准，确保脱贫攻坚质量和成色

脱贫攻坚的质量事关全面小康成色、事关党的形象和威信，收官必须完美、大考必须满分，一个人不能少、一点瑕疵不能有、一丝遗憾不能留。要聚焦"两不愁三保障"标准，严格对标对表，及时查缺补漏，做到不漏一户、不落一人、不差一项，确保高质量完成脱贫攻坚任务。工作要细致。把各种困难和挑战考虑得更深入一些，逐村逐户逐人逐项过筛子，严之又严、细之又细、实之又实把各项工作抓到位，坚决防止留下风险隐患。措施要精准。推动攻坚举措落实到每个贫困人口、每个点位，绝对不能"大水漫灌"，确保经得住拷问和质疑。整改要到位。中央脱贫攻坚专项巡视"回头看"和国家脱贫攻坚

成效考核，是冲刺前的关键体检、大考前的集中辅导，为我们打好总攻、决战决胜提供了难得契机。要坚持举一反三、真改实改、全面整改，确保中央脱贫攻坚专项巡视"回头看"和国家脱贫攻坚成效考核反馈问题整改到位、彻底清零见底。普查要真实。抓紧组建普查机构，做好人员经费等保障，加强普查培训，强化普查纪律。考核要严格。严把贫困退出关，坚决杜绝数字脱贫、虚假脱贫。把工作考核与干部考察结合起来，强化成果运用，严格兑现奖惩，确保过程扎实、成果可靠。同时，要高度重视、统筹抓好非贫困县、非贫困村的贫困人口脱贫，确保脱贫进度和质量。

形成总攻格局，汇聚起决战决胜的强大力量

总攻行动必须动员和整合脱贫攻坚的各方面力量，形成决战决胜的宏大格局和强大攻势。要充分发挥13万多名一线扶贫干部的主力军作用，加强管理、关爱和保障，抓好干部培训，确保新选派的驻村干部和新上任的乡村干部全部轮训一遍，增强精准扶贫、精准脱贫能力。要充分发挥农业农村、水利、住建、教育、卫生、社保、医保等部门作用，工作摆布进一步向脱贫攻坚倾斜，资源力量进一步向脱贫攻坚集中，各负其责、分兵把口抓好任务落实。要发挥协作帮扶力量，积极主动开展对接，深化与浙江对口合作和中央单位定点扶贫，全面加强在产业发展、项目建设、消费扶贫、劳务协作等方面的务实合作，实现更高水平的互利共赢。要健全社会力量动员和参与机制，落实驻吉央企、省属企业精准扶贫责任，深入实施"万企帮万村"活动，大力开展扶贫志愿服务，引导各级各类企业、社会组织、爱心人士广泛参与脱贫攻坚。

营造总攻氛围，进一步强化决胜全面建成小康社会、决战脱贫攻坚的舆论环境

彻底摆脱绝对贫困、实现全面小康，必将在中华民族发展史上、人类社会进步史上树立起不朽的时代丰碑。脱贫攻坚工作既要做得好，也要讲得好。讲好中国的扶贫故事，展示好这个伟大壮举，是今年宣传工作的一条主线。深入宣传习近平总书记带领人民决战脱贫攻坚的历史担当和为民情怀、党领导人民脱贫攻坚的伟大成就和成功经验，宣传统筹推进疫情防控和脱贫攻坚工作的好举措好办法，宣传基层扶贫干部的典型事迹和贫困地区人民群众艰苦奋斗的感人故事，展示党的十八大以来我省脱贫攻坚取得的进展和成效，提炼好、宣传好脱贫攻坚的伟大精神。要贯穿暖色调、突出幸福感，精心开展"决胜全面小康、决战脱贫攻坚"重大主题宣传和"决胜小康、奋斗有我"群众性主题宣传，全方位展现干部群众同心同德奔小康的精神风貌。

压实总攻责任，加强和改善党对脱贫攻坚的领导

脱贫攻坚已经进入最为关键的倒计时，等不了、松不得、输不起，没有任何退路和弹性。必须加强党的领导、强化责任担当，围绕总攻行动建立起一套高效的指挥、作战体系。要落实"五级书记抓扶贫"责任，各级党政主要负责同志要落实一把手责任制，亲力亲为把各项工作抓到位。特别是县乡两级主要负责同志要深入一线、靠前指挥、一抓到底、兑现承诺。要落实省委常委和省级领导同志责任，坚持包村包县包片，牵头挂牌督战，督"三个一万人"扶贫情况，督疫情防控工作，督"三保障"和饮水安全突出问题解决情况，督"四不

摘"情况,在一线发现问题、解决问题。要落实行业分管领导和行业部门责任,把脱贫攻坚放在优先位置,制定专项推进工作方案,确保各项工作有人抓、有人管、有人落实。要落实一线工作队责任,严管厚爱结合、激励约束并重,加强对扶贫一线干部的管理、关爱和保障。驻村工作队要宣传党的政策,落实扶贫措施,帮助群众解决难题,用心用情用力做好驻村帮扶工作。要落实综合监督监管责任。各级纪委监委、审计机关、扶贫部门、行业主管部门要把脱贫攻坚作为重点监督检查内容,加大监督执纪、跟踪监测、明察暗访和责任追究力度。要把在疫情防控阻击战、脱贫攻坚战和污染防治攻坚战等重大斗争中形成的强大组织力、动员力、号召力激发和释放出来,进一步提高治理体系和治理能力现代化水平。要把脱贫攻坚这个战场作为检验干部作风、锤炼干部作风的重要阵地,对搞形式主义、官僚主义的要穷追猛打,让那些做表面文章、不求工作实效的无处遁形。全省上下都要奋勇争先,比责任担当、比真抓实干、比攻坚克难、比严实深细,坚决打赢脱贫攻坚战,向党中央、向全省人民交上一份满意答卷。

《学习时报》2020 年 5 月 29 日

发起最后总攻夺取脱贫攻坚全面胜利
坚决完成全面建成小康社会最硬任务

黑龙江省委书记　张庆伟

3月6日，习近平总书记在决战决胜脱贫攻坚座谈会上发表重要讲话，发出了向贫困发起总攻的动员令。黑龙江省委召开常委会会议、决战决胜脱贫攻坚座谈会、理论中心组学习会议，深入学习贯彻习近平总书记重要讲话精神，全面梳理收官之年重点任务，推动各项攻坚措施落实落细。

黑龙江省坚决贯彻党中央、国务院脱贫攻坚决策部署，扎实推进脱贫攻坚工作。2019年全省98%的建档立卡贫困人口脱贫，贫困发生率由2014年建档立卡时的3.44%下降到0.07%，28个贫困县全部脱贫摘帽，提前一年解决了区域性整体贫困。2020年是决胜全面建成小康社会、决战脱贫攻坚的收官之年，黑龙江省将保持目标不变、标准不降、力度不减，坚持尽锐出战、精兵作战、全员参战，奋力夺取脱贫攻坚全面胜利，坚决完成全面建成小康社会最硬任务。

坚持疫情防控与脱贫攻坚统筹推进，有效应对新冠肺炎疫情带来的新挑战

习近平总书记指出："脱贫攻坚工作艰苦卓绝，收官之年又遭遇疫情影响，各项工作任务更重、要求更高。"按照党中央部署要求，黑龙江省推动全面防控向精准防控、重点防控转变，统筹推进疫情防控和脱贫攻坚。目前全省有扶贫任务的 85 个县（市、区）全部为低风险地区，1778 个贫困村中只有 5 个村有过确诊病例。毫不放松抓好疫情防控。疫情发生以来，全省 4889 个驻村扶贫工作队、14982 名驻村干部奋战在疫情防控一线，有效阻止了疫情蔓延。下一步要继续深入实施分区分级差异化防控策略，指导贫困地区抓好各项防控措施落实，严防疫情新发、局部暴发和疫情反弹。积极推动扶贫产业复工复产。全面落实补贴、税收等支持政策，目前，全省 243 家扶贫领头企业已复工 239 家，复工率达 98.4%。我们要抢抓施工建设黄金期，全力保障物资供应和工期需要，确保今年计划推进的 1260 个扶贫项目尽快开复工、如期完工。大力支持贫困劳动力转移就业。推进劳务输出地输入地精准对接，开辟"绿色通道"，今年年初以来贫困劳动力实现务工 13.4 万人，占总数的 85.4%。对有务工意愿的贫困人口，我们要采取点对点、一对一的方式，逐一落实务工服务支持政策，让贫困户有业可就，千方百计增加工资性收入。

聚焦剩余人口脱贫与防止返贫两个重点，多措并举高质量打赢脱贫攻坚收官战

习近平总书记强调："要巩固'两不愁三保障'成果，防止反

弹。"目前黑龙江省还有 6178 户、1.26 万人尚未脱贫，分布在 7 个县。虽然数量越来越少，但贫困程度深、致贫原因复杂，都是难啃的硬骨头。对此，黑龙江省将扶贫工作重心从注重脱贫向脱贫和巩固提升并重转变，全力以赴抓巩固防返贫。实施差异化帮扶策略。一方面向深度贫困重点倾斜。对深度贫困县每年再安排 2000 万元，对深度贫困村每年单独安排 100 万元，省级已对 3 个深度贫困县和 107 个深度贫困村新增专项扶贫资金 1.67 亿元，安排重大项目 21 个、资金 11.27 亿元。另一方面向病残致贫群体重点发力。采取多重医疗救助、多方就业支持、多路径帮扶等措施，促其缩小收入差距、缓解相对贫困。明水县组织金融机构制定扶贫菜单，为贫困户脱贫提供精准金融动力。提高"三保障"水平。教育扶贫重点抓好控辍保学、扶贫助学，危房改造重点消除墙体开裂、漏雨、透风等安全隐患，健康扶贫重点确保贫困群众大病得到治疗，提高小病和慢病保障水平。目前，全省贫困户全部住上安全房，义务教育阶段贫困家庭未发现学生辍学现象，贫困人口全部参加城乡居民基本医疗保险。国家 2019 年扶贫成效交叉考核结果反馈中指出，黑龙江省"两不愁三保障"基本实现。增强贫困群众脱贫内生动力。在做好物质帮扶的同时，更加注重精神扶贫，大力推动"志智双扶"，积极开展了脱贫攻坚领域先优模评选活动，选树表彰一批脱贫典型。脱贫攻坚收官之年，我们要更加注重调动贫困群众内生动力，提升贫困劳动力就业技能，使贫困户都能做到敢想敢干、能干会干。建立防止返贫监测和帮扶机制。加大对已脱贫人口和边缘人口动态监测力度，对遭遇意外变故、收入明显下降、支出大幅提高等情况，做到及时发现、及时预警、及时采取针对性帮扶措施。结合年度动态管理，全省已排查出脱贫监测户和边缘户共9307 户、19890 人，防止返贫和新发生贫困。今年，黑龙江省要把因病致贫人员监测作为重中之重，完善医保扶贫网格化帮扶机制，确保贫困人口不因重病、慢病返贫或致贫。

推进脱贫攻坚与乡村振兴有效衔接，促进逐步实现共同富裕

实施乡村振兴战略是党中央着眼实现"两个一百年"奋斗目标、实现全体人民共同富裕作出的重大战略决策。习近平总书记强调："脱贫摘帽不是终点，而是新生活、新奋斗的起点。"黑龙江省要认真总结脱贫攻坚形成的好经验，积极谋划实施乡村振兴战略，推动脱贫攻坚与乡村振兴深度融合、有效衔接。发展乡村富民产业。全省已推广互助菜园、托牛入场、田园地订制等13种产业扶贫模式，农业特色产业项目在贫困地区覆盖率达94.3%，综合性扶贫电商平台"小康龙江"累计销售额突破1.5亿元，旅游扶贫点达1010个，建设光伏发电站9286个，有力促进了农民持续增收。下一步要继续支持贫困地区发展特色种植及深加工产业，加大新型业态培育力度，推动农业与商贸流通、健康养老、生态旅游等产业深度融合，集中建设一批重点企业、重点项目和重点园区，同时强化乡村产业与农户的对接融合，提升农民参与度和受益率。优化乡村基础设施。推动"水、电、路、讯、房"等全面升级，全省1778个贫困村全部通光纤宽带、通生活用电和动力电，4G信号实现全覆盖，2019年贫困地区交工农村公路4555公里，全省贫困户全部喝上安全水。黑龙江省还要下大力气抓好乡村特别是贫困乡村基础设施工程项目建设，大力实施饮水安全工程，推进新一轮电网升级改造和农村动力电建设，在"村村通"基础上向自然屯延伸通村公路，推进黑龙江省民居建设。改善乡村人居环境。推进"垃圾革命"，加大收运处理体系和设施建设，促进就地减量和分类处理。推进"厕所革命"，按照以点带面、优选模式、

控制成本、渐次推进的原则，建设农民用得起、用得好、用得住的环保厕所。推进"能源革命"，实施秸秆综合利用，推广应用生物发电、光伏发电和沼气等清洁能源，去年新建秸秆压块站 500 处。推进"菜园革命"，组织农民利用房前屋后，开展特色经济作物种植，力争全省示范村总量达 300 个。推进"污水革命"，因地制宜开展农村生活污水处理，推动畜禽养殖废弃物资源化利用。

强化精准扶贫精准脱贫攻坚责任，凝聚决战决胜脱贫攻坚的强大合力

习近平总书记强调："到 2020 年现行标准下的农村贫困人口全部脱贫，是党中央向全国人民作出的郑重承诺，必须如期实现，没有任何退路和弹性。"脱贫攻坚进入决战决胜关头，黑龙江省要压紧压实脱贫攻坚责任，保障各项工作落到实处。一要强化组织领导。坚持五级书记抓扶贫、省级领导联系贫困县等制度，建立县乡领导干部包村联户机制，对剩余的 6178 户 1.25 万个贫困人口逐一进行包联。今年要对 20 个国家级贫困县、8 个省级贫困县，以及扶贫任务重的 11 个非贫困县实行挂牌督战。保持政策稳定。坚持扶上马送一程，已退出的贫困县、贫困村、贫困人口设定过渡期，严格落实"四个不摘"要求，在保持各项政策持续稳定的基础上，新出台教育资助、健康扶贫、医保扶贫、危房改造、产业扶贫等 10 个方面 48 项政策措施。全省参与精准扶贫行动的民营企业 1370 家，实施项目 2980 个，投资 17.1 亿元，帮扶 1613 个村，受益贫困人口 17.2 万人。下一步要持续用好帮扶机制、落实扶贫政策、采取精准举措，确保稳固脱贫不返贫。二要强化攻坚力量。持续下沉攻坚力量，2019 年对驻村工作队进行了调整轮换，调整 5065 人，召回 291 人，培训驻村干部、第一

书记及基层扶贫干部 39.7 万人次。今年要做好扶贫干部轮训，新选派的驻村干部和新上任的乡村干部全部轮训一遍，优先提拔重用实绩突出优秀扶贫干部，形成扶贫一线锻炼干部、扶贫一线选用干部的鲜明导向。三要形成浓厚氛围。大力弘扬脱贫攻坚精神，讲好脱贫攻坚故事，表彰脱贫攻坚典型，充分调动广大干部群众投身扶贫一线的工作积极性，为决战决胜脱贫攻坚注入强大精神动力。

《学习时报》2020 年 4 月 15 日

以更大决心更强力度决战决胜脱贫攻坚

安徽省委书记　李锦斌

　　疫情发生以来，习近平总书记高度重视做好应对疫情决战脱贫攻坚工作，先后多次作出重要指示批示，发表系列重要讲话。今年2月23日，习近平总书记在统筹推进新冠肺炎疫情防控和经济社会发展工作部署会议上，特别强调要坚决完成脱贫攻坚任务。今年3月6日，习近平总书记在决战决胜脱贫攻坚座谈会上发表重要讲话，鲜明提出确保如期完成脱贫攻坚目标任务、确保全面建成小康社会的总目标，吹响了向绝对贫困发起最后总攻的集结号。今年3月27日，中共中央政治局召开会议。会议上对抓好脱贫攻坚成效考核和专项巡视"回头看"问题整改提出明确要求。这些新部署新要求，与习近平总书记关于扶贫工作的重要论述既一脉相承又创新发展，彰显了打好疫情防控阻击战和脱贫攻坚战的坚定决心和坚强意志，为高质量打赢脱贫攻坚战提供了根本遵循和行动指南。安徽省把学习贯彻习近平总书记重要讲话精神作为重大政治任务，增强"四个意识"、坚定"四个自信"、做到"两个维护"，统筹做好疫情防控和脱贫攻坚工作，以更大决心、更强力度坚决夺取脱贫攻坚最后胜利。

紧扣提高政治站位，坚决扛起脱贫攻坚重大政治责任

党的十八大以来，习近平总书记把脱贫攻坚作为最深的牵挂、最大的担当，以强烈的历史使命感和责任感带领全党全社会打赢脱贫攻坚战，充分彰显了亲民爱民为民的深厚情怀，充分彰显了共产党人不忘初心、牢记使命的政治品格。安徽省自觉用习近平新时代中国特色社会主义思想统领脱贫攻坚工作，坚持五级书记抓脱贫，坚持目标标准、坚持精准方略、坚持从严从实，较真碰硬狠抓工作落实。

突出根本遵循抓学习。把学习贯彻习近平总书记关于扶贫工作重要论述和视察安徽重要讲话精神贯穿脱贫攻坚工作始终，对习近平总书记关于扶贫工作的最新重要讲话指示批示都第一时间传达学习和贯彻落实，每次研究脱贫攻坚工作时，都先认真学习习近平总书记关于扶贫工作重要论述，做到学习跟进、认识跟进、行动跟进。

突出以上带下抓落实。省委认真履行主体责任，省党政主要负责同志逢重要会议必讲脱贫攻坚，下基层调研必查短板弱项，访贫困群众必看生活改善情况；19 位省级党政领导干部定点包保 31 个贫困县。

突出问题导向抓整改。今年 3 月，中央脱贫攻坚专项巡视"回头看"和国家脱贫攻坚成效考核反馈意见后，省委把问题整改作为当前重要政治任务，把中央脱贫攻坚专项巡视和"回头看"发现的问题与"不忘初心、牢记使命"主题教育检视的问题、国家脱贫攻坚成效考核指出的问题统筹起来，一体研究、一体部署、一体整改，打一场"354+N"突出问题整改歼灭战。"3"，就是中央脱贫攻坚专项巡视"回头看"反馈意见指出的 3 类 8 项 20 个具体问题；"5"，就是国家脱贫攻坚成效考核反馈指出的 5 类 15 项 23 个具体问题；"4"，就是"不忘初心、牢记使命"主题教育检视的 4 个问题；"N"，就是中

央纪委国家监委巡回督导专项工作组检查发现的问题、省督导组督导检查发现的问题以及各地自查的问题等。坚持挂图作战，建立主要负责同志亲自抓、分管负责同志具体抓的整改责任体系，制定问题、任务、责任、时限"四个清单"，实行周调度、月研判，确保3个月内高质量完成各类问题整改。

紧扣克服疫情影响，以"两手硬"推动"两战赢"

习近平总书记指出，今年脱贫攻坚要全面收官，原本就有不少硬仗要打，现在还要努力克服疫情的影响，必须再加把劲，狠抓攻坚工作落实。安徽省扎实开展决战决胜脱贫攻坚"抗疫情、补短板、促攻坚"专项行动，省党政主要负责同志及16个省督导组深入70个有扶贫开发任务的县（市、区）开展4轮督导，努力把耽误的时间抢回来，把落下的进度赶上去。

加快推动贫困户劳动力就业"清零"。认真落实帮外出务工困难人员尽快返岗、促稳定就业，帮本地企业复工复产、促就近就业，帮开发临时性公益性岗位、促灵活就业，帮企业扩产扩能、促增岗就业的"四帮四促"措施，全省已外出务工贫困劳动力167.7万人，超过去年全省外出务工贫困劳动力9.82万人，做到了"应务尽务"。

加快推动贫困地区滞销农产品"清零"。坚持线上与线下、发挥党组织作用与发挥市场作用、专业合作社行业协会帮助与农户自行销售"三个并举"，深入开展消费扶贫、电商扶贫，开展农产品进高校、进企业、进商超等产销"八进"行动，多渠道解决卖难问题。截至今年3月底，累计帮助贫困地区销售农产品23.2万吨、价值11.7亿元，做到了"应卖尽卖"。

加快推动扶贫项目开工复工"清零"。加快推进扶贫项目组织实施和财政扶贫资金拨付支出进度，采取"不见面开标"等方式，优化扶贫项目的设计、评审、招投标等前期工作，全力支持扶贫龙头企业、就业扶贫车间、各类经营主体复工复产，全省946个就业扶贫车间全部复工复产，做到了"应开尽开"。

加快推动贫困户子女网上上学问题"清零"。针对贫困户子女上网课困难问题，捐赠3708台手机，并采取赠送流量、免费接通网络等方式，确保线上学习一个不少、线下帮扶一个不落，做到了"应学尽学"。

紧扣"两不愁三保障"及饮水安全，全面落实精准扶贫精准脱贫基本方略

习近平总书记指出，脱贫攻坚的标准，就是稳定实现贫困人口"两不愁三保障"。安徽省把解决"两不愁三保障"及饮水安全突出问题作为关键环节，加大投入力度、工作力度、帮扶力度。

确保义务教育"有学上"。全省县域义务教育基本均衡提前3年实现全覆盖，尤其是针对调研发现的小学教学点"一生一师"问题，进行全面排查整改，全省258个"一生一师"教学点中已就近安置206个，根据群众需要继续保留52个。

确保群众患病"有'医'靠"。出台"351""180"健康脱贫政策，让困难群众常见病、慢性病看得起，得了大病、重病后生活过得去。针对偏远地区基层医疗服务能力短板问题，实施"百医驻村、千医下乡、万医轮训"工程，从省市的三级医院选派113名医疗人才驻村帮扶2年，161个村卫生室"空白点"全部消除。特别是对确诊新冠肺炎的24名贫困群众安排专人包保、研究专门政策、落实专项举措，没有一人因疫情返贫。

确保贫困群众"有安居"。持续做好搬迁群众产业就业、公共服

务等工作，实现搬得出、稳得住、能致富，8.5 万贫困人口易地扶贫搬迁和 33.53 万户贫困户危房改造任务全面完成。

确保安全饮水"有保证"。开展贫困人口饮水安全问题再排查，加强农村供水水质净化消毒和监测工作，健全农饮工程长效管理机制，推进城乡供水一体化和区域供水规模化。

紧扣大别山等革命老区，集中火力攻克深度贫困堡垒

2016 年 4 月，习近平总书记视察安徽第一站就到革命老区金寨县看望慰问贫困群众，叮嘱我们"特别是不能忘了老区"。安徽省牢记习近平总书记的殷殷嘱托，全力推进大别山等革命老区脱贫攻坚。坚持摆上首位重点。坚定地把大别山等革命老区作为全省脱贫攻坚的首位重点，出台加强大别山等革命老区脱贫攻坚政策文件，完善大别山等革命老区"1+1+X"配套政策体系。

全面落实优先保障。在资金、项目、用地等方面优先保障，在去年省级财政专项扶贫资金增长 33.9% 的基础上，今年又安排 32.3 亿元、同比增长 21%；对 23 个贫困革命老区县（含 6 个深度贫困县）各单列城乡建设用地增减挂钩计划 3000 亩。

充分激发内生动力。大力发扬革命老区和大别山精神，引导和激励老区人民依靠勤劳双手脱贫致富。习近平总书记视察过的金寨县大湾村走出了一条"山上种茶、家中迎客、红绿结合"的绿色脱贫新路，4 年来共有 158 户 399 人脱贫，贫困发生率降至 0.23%，一个贫穷闭塞的"落后村"成为脱贫致富的"示范村"。同时，集中力量抓好皖北地区、沿淮行蓄洪区等地区脱贫攻坚，省级对贫困发生率超过全省平均水平 1 倍以上的 7 个县重点督办，市县对工作难度大的 12 个村重点督办，坚决打好这场硬仗中的硬仗。

紧扣多措并举巩固成果，确保脱贫攻坚成色足、可持续

习近平总书记高度关注脱贫质量，强调要做到扶贫工作务实、脱贫过程扎实、脱贫结果真实。安徽省严格落实"四个不摘"要求，深入实施脱贫攻坚"十大工程"，力争让每一个贫困户和贫困人口脱贫有支撑、致富可持续。

推深做实产业扶贫。大力推广园区带动、企业带动、合作社带动、能人大户带动和支持贫困群众自种自养的"四带一自"产业扶贫模式，全省贫困村已建成产业扶贫园区 3025 个，龙头企业、农民合作社等各类新型经营主体共带动贫困户 46.5 万户。

推深做实壮大村级集体经济。深入推进百村培强、千村扶优、万村提升等"百千万"工程，注重运用工业化思路、市场化办法培育壮大村级集体经济，全省 3000 个贫困村集体经济收入达 6.4 亿元，无经营性收入的空壳村全面消除。推深做实防范返贫致贫。以未脱贫户、脱贫监测户、边缘易致贫户和老少病残孤等困难群体"三户一体"为重点，因人因户精准施策，建立健全返贫预警和防范机制。

推深做实党建引领。深入推进抓农村基层党建促脱贫攻坚、促乡村振兴"一抓双促"工程，注重在脱贫攻坚一线考察、识别干部，选优配强农村基层党组织带头人，从严整顿 630 个软弱涣散村党组织，确保党中央脱贫攻坚决策部署在基层落地生根。

紧扣力戒形式主义、官僚主义，持续深化"三个以案"警示教育

习近平总书记指出，要加强扶贫领域作风建设，坚决反对形式主

义、官僚主义。去年6月以来，安徽省以阜阳市搞形式主义、官僚主义问题为镜鉴，以整治"刷白墙"问题为突破口，开展"以案示警、以案为戒、以案促改"警示教育，得到了习近平总书记的充分肯定。安徽省委决定，从今年4月开始在全省县处级以上领导干部中深入开展以"四联四增"为主要内容的"三个以案"警示教育，联系剖析赵正永、张坚两面人两面派、不担当不作为、抓党的建设宽松软、抓落实不深入不到位的特点和表现，从政治、工作、管理、作风四个方面对照检视，切实增强"两个维护"的坚定性、勇于担当的斗争精神、干部教育监督的针对性实效性、反对形式主义官僚主义的实干精神。

在以案示警中受警醒、明法纪。坚持从省委自身做起，将破除形式主义、官僚主义纳入民主生活会和对照党章党规找差距的重要内容，制定负面清单，督促抓好整改，有力带动广大党员干部向更高标准看齐，向实干担当发力，全省涌现出刘双燕、曾翔翔、李夏等一批先进典型。

在以案为戒中严对照、深检视。省委列出专题3次开展集中研讨，特别是将阜阳市搞形式主义、官僚主义作为反面案例进行深入剖析，在全省范围内暗访调研、举一反三、全面排查，检视出形式主义、官僚主义重说功轻做功等"八重八轻"突出表现，汇总形成形式主义、官僚主义突出问题检视报告，并选取15个典型案例发给基层党员干部，用身边事教育身边人。

在以案促改中强整改、促提升。出台纵深推进"三个以案"警示教育、以优良作风决胜全面建成小康社会决战脱贫攻坚的意见，全面落实基层减负年工作举措，推进"走基层、转作风、解难题"常态化，去年全省扶贫领域发文同比减少60.9%，会议减少47.6%，督查减少66.7%。

　　脱贫攻坚已进入决战倒计时，如期实现脱贫攻坚目标任务没有任何退路和弹性。安徽省一定坚决贯彻以习近平同志为核心的党中央决策部署，以最大的决心、最大的责任、最大的力度，全面补齐短板弱项，全面巩固脱贫成果，全面防止返贫致贫，坚决打赢脱贫攻坚战。

《学习时报》2020 年 4 月 10 日

一鼓作气坚决打赢脱贫攻坚收官之战

江西省委书记　刘　奇

　　坚决打赢脱贫攻坚战，是党中央作出的庄严承诺，是全面建成小康社会的标志性工程，是习近平总书记亲自决策、亲自部署、亲自督战的重大政治任务。今年是全面建成小康社会决胜之年，也是脱贫攻坚全面收官之年。习近平总书记在决战决胜脱贫攻坚座谈会上的重要讲话，对加强党的领导、高质量完成脱贫攻坚目标任务提出了明确要求，给全党下达了决战决胜脱贫攻坚的冲锋号、总攻令，为我们坚决打赢脱贫攻坚战提供了根本遵循。我们必须坚持以习近平新时代中国特色社会主义思想为指导，深入学习贯彻习近平总书记重要讲话精神，切实从增强"四个意识"、坚定"四个自信"、做到"两个维护"的政治高度，以不获全胜决不收兵的定力和担当，以越战越勇的拼劲和韧劲，咬定目标，扛起责任，攻坚克难，一鼓作气坚决打赢脱贫攻坚收官之战，确保高质量完成脱贫攻坚目标任务，确保江西与全国同步全面建成小康社会。

坚决打赢疫情影响脱贫攻坚的阻击战

　　突如其来的新冠肺炎疫情，对我国经济社会发展造成的冲击和影响是全方位的。打赢脱贫攻坚收官之战，本来就有许多"硬骨头"要啃，这次疫情又带来了不利影响和风险挑战。一些贫困劳动力外出务工受阻，出现暂时就业困难，增收面临不利影响。有的扶贫产业发展受到影响，扶贫产品出现滞销问题。还有的扶贫项目建设进度放缓，扶贫搬迁配套、饮水安全工程等施工时间更紧、任务更重。习近平总书记强调，要高度重视打赢脱贫攻坚战面临的困难挑战，采取有效措施，将疫情的影响降到最低。我们必须坚决贯彻党中央决策部署，切实以责任担当之勇、统筹兼顾之谋、组织实施之能，统筹推进疫情防控和脱贫攻坚工作，绝不能因疫情影响脱贫攻坚目标任务的实现。强化全面排查，重点排查疫情影响剩余贫困人口脱贫、导致脱贫人口返贫、造成边缘人口致贫等风险，确保贫困群众不漏一人，风险隐患及时掌握。强化动态监测，充分利用省政务数据共享统一交换平台和省精准脱贫大数据平台数据共享比对核实信息，聚焦收入、住房、教育、医疗和饮水安全等，加强监测预警，及时拿出应对措施。强化分类帮扶，认真抓好应对疫情坚决打赢脱贫攻坚战措施落实，对因疫返贫和新发生的贫困人口，按照"缺什么、补什么"的原则，因户因人施策，加强针对性帮扶，确保基本生活不受影响。特别是突出产业和就业帮扶，全力支持扶贫龙头企业、扶贫车间和扶贫项目提高复工复产效率，坚持线上线下联动，多渠道解决扶贫产品滞销问题，鼓励企业优先保留、优先录用贫困户就业上岗，千方百计帮助贫困劳动力稳岗就业，有效化解疫情对脱贫攻坚的影响。

坚决打赢全面完成脱贫任务的歼灭战

确保今年现行标准下的农村贫困人口全部脱贫，是我们向党中央立下的军令状，是必须完成的硬任务，没有任何退路和弹性。江西作为革命老区，是全国脱贫攻坚的主战场之一。当前，江西脱贫攻坚虽然取得决定性成效，贫困发生率由 2015 年的 5.7% 下降至 0.27%。但全省还剩余 9.6 万贫困人口，而且大多数为失能弱能群体，都是贫中之贫、坚中之坚。习近平总书记告诫我们，脱贫攻坚战不是轻轻松松一冲锋就能打赢的。打赢全面完成脱贫任务歼灭战是一场硬仗，越到最后越要绷紧弦、加把劲，决不能麻痹大意、松劲懈怠。我们必须聚焦"两不愁三保障"，整合资源、强化措施，倒排工期、挂牌督战，确保脱贫攻坚质量高、成色足、可持续圆满收官。对剩余的贫困人口，加强点对点精准帮扶，瞄准突出问题和薄弱环节狠抓政策落实，确保做到真脱贫。对剩余的申请脱贫摘帽贫困县，严把退出关，严格执行退出标准和程序，确保做到真摘帽。对完全或部分丧失劳动能力的特殊贫困人口，统筹落实好养老、医疗、低保、救助等社会保障措施，努力实现应保尽保，确保做到真兜底。完善责任体系和考核监督，进一步强化"省负总责、市县抓落实、乡镇推进和实施"工作机制，严格实行派驻干部和单位"双考核""双问责"和召回制度，切实加强干部培训和作风建设，精准施治形式主义、官僚主义，持续整治"怕、慢、假、庸、散"作风顽疾，深入开展扶贫领域腐败和作风问题专项治理，坚决杜绝虚假式、算账式、指标式、游走式脱贫。特别是对脱贫攻坚重点地方、重点领域、重点工作，坚持省级领导同志带头挂牌督战，加强统筹协调，实行精准督导，确保工作务实、过程扎实、结果真实，真正经得起实践、人民和历史检验。

坚决打赢聚力攻克重点堡垒的攻坚战

中央脱贫攻坚专项巡视"回头看"和国家脱贫攻坚成效考核，是对江西脱贫攻坚工作的一次全面体检，也是对我们深入贯彻落实党中央决策部署、坚决打赢脱贫攻坚收官之战的有力指导。中央反馈意见，既充分肯定了江西脱贫攻坚的成效和经验，也指出了存在的问题和不足，明确提出了整改意见建议。我们必须把抓好问题整改作为重大政治任务，举一反三、立行立改，较真碰硬狠抓反馈问题整改落实，同时以整改落实为契机，着力补短板、堵漏洞、强弱项，集中力量攻克脱贫攻坚的重点堡垒，确保决胜脱贫攻坚的质量和成色。聚焦提升脱贫质量，坚持把中央巡视"回头看"指出问题、成效考核通报问题、主题教育检视问题、脱贫攻坚全面排查以及省委巡视、省级暗访督导、监督监管等发现问题、新冠肺炎疫情带来的问题统筹起来，把问题整改和脱贫攻坚日常工作结合起来，完善整改方案，实施台账管理，挂图作战推进，严格销号落实，推动问题整改不折不扣落实到位。深入推进精准帮扶"十大行动"，加大政策资金保障力度，重点做实产业扶贫、做稳就业扶贫、做优消费扶贫、做好易地扶贫搬迁后续扶持等工作，全面落实贫困人口义务教育、基本医疗、住房安全、饮水安全等政策保障措施，确保贫困学生不因贫失学辍学，贫困患者有基本医疗保障，贫困群众住上安全房、喝上放心水，用更精准的"绣花功"，交出高质量的"脱贫账"。加大抓党建促脱贫攻坚力度，推动整顿软弱涣散基层党组织常态化、长效化，全面提升贫困地区基层党组织政治功能和战斗堡垒作用，充分发挥各级党组织政治、制度、组织优势，不断激发贫困群众脱贫致富的内生动力。统筹推进贫困县和非贫困县脱贫攻坚工作，持续做好城市贫困群众脱贫解困工作，确保攻克贫困堡垒没有盲区，确保全面小康路上一个都不少。

坚决打赢深入推进减贫工作持久战

消除贫困、改善民生、逐步实现共同富裕，是社会主义的本质要求，是我们党的重要使命。习近平总书记强调，脱贫摘帽不是终点，而是新生活、新奋斗的起点。今年脱贫攻坚全面收官后，困扰江西发展的绝对贫困问题将得到历史性解决，但推进革命老区减贫事业永远在路上。我们必须多措并举巩固脱贫攻坚成果，防止脱贫人口返贫，确保脱贫成效可持续，着眼长短结合、标本兼治，加快建立解决相对贫困的长效机制，推动减贫战略和工作体系平稳转型。保持脱贫攻坚政策稳定，不踩"急刹车"，留好过渡期，严格落实贫困县摘帽不摘责任、不摘政策、不摘帮扶、不摘监管"四个不摘"和非贫困县攻坚力度、帮扶力量、投入保障、攻坚举措"四个不减"要求，加大财政扶贫、金融扶贫、科技扶贫、土地政策、人才支持等力度，确保投入保障与脱贫攻坚收官任务相适应、相匹配。完善防止返贫保险保障机制，加大农业产业扶贫保险、贫困人口返贫保险、边缘人口致贫保险等支持力度，提高贫困户抵御风险的能力。强化脱贫成果巩固提升机制，建立健全脱贫成果回查监测、脱贫人口增收发展、防止致贫返贫保险保障、扶贫项目运维管护、志智双扶激励约束等机制，切实把脱贫攻坚已经攻下来的阵地牢牢守住。完善相对贫困治理体系，认真总结运用脱贫攻坚的理论成果、制度成果、实践成果，对 2020 年后解决相对贫困的目标任务、扶贫标准、工作对象等提前研究谋划，推动脱贫攻坚与乡村振兴战略、"十四五"规划有机衔接，探索构建解决相对贫困的体制机制，接续实现长效稳定脱贫、防止返贫致贫和促进发展致富。

决胜脱贫攻坚艰苦卓绝，取得的决定性成就举世瞩目，创造了人类减贫史上的奇迹，充分彰显了中国共产党领导和中国特色社会主义制度的巨大优势。脱贫攻坚不仅要做得好，而且要讲得好。我们必须加大总结宣传工作力度，深入宣传以习近平同志为核心的党中央关于脱贫攻坚的决策部署、取得的历史性成就，深入宣传各地各部门统筹推进疫情防控和脱贫攻坚的新举措好办法，深入宣传基层扶贫干部的典型事迹和贫困群众艰苦奋斗的感人故事，大力开展扶贫扶志感恩行动，教育引导老区人民自觉听党话、永远跟党走，切实凝聚起万众一心的强大力量，奋力夺取脱贫攻坚战全面胜利，向党和人民交出一份满意答卷。

《学习时报》2020 年 4 月 29 日

以精准扶贫首倡地的责任担当
决战决胜脱贫攻坚

湖南省委书记（时任） 杜家毫

今年是我国决胜全面建成小康社会、决战脱贫攻坚之年。习近平总书记在决战决胜脱贫攻坚座谈会和全国两会期间作出一系列重要指示，湖南省委先后召开全省决战脱贫攻坚暨疫情防控阻击战动员大会、省委全会等进行传达贯彻，近期又组织县（市、区）委书记抓党建促决战决胜脱贫攻坚培训班，引导推动全省上下保持战略定力，不停顿、不大意、不放松，以决战决胜的实际成效兑现庄严承诺。

深入学习贯彻习近平总书记关于精准扶贫重要论述，进一步扛牢精准扶贫首倡地的责任担当

2013年11月，习近平总书记在湘西十八洞村视察时首次提出"精准扶贫"重要论述。这些年，湖南省始终牢记习近平总书记殷殷嘱托，按照"实事求是、因地制宜、分类指导、精准扶贫"要求，一仗接着一仗打，一年接着一年干，推动脱贫攻坚取得历史性成就。2012—2019年，湖南省共实现747万人脱贫，51个贫困县、6920个贫困村全部脱贫摘帽，贫困发生率从13.43%降至0.36%。

实践证明，习近平总书记关于精准扶贫重要论述，号准了脉、开对了方，是引领脱贫攻坚取得最后胜利的根本遵循。深受教育的是，全省上下自觉向习近平总书记深厚为民情怀和强烈历史担当对标看齐，不断提高政治站位、强化责任担当，建立省领导对口联系贫困县、常态化联点督查、领导干部带头领办涉贫信访件等机制，推动形成了"五级书记抓脱贫、全省动员促攻坚"的生动局面。弥足珍贵的是，湖南省以十八洞村为样板积极探索精准扶贫路径，细化"五个一批""六个精准"政策举措，开展贫困对象建档立卡并动态调整，探索"四跟四走"产业扶贫模式，积极推进劳务协作脱贫，推进"万企帮万村"等行动，形成了一批可复制可推广的有效做法。值得欣喜的是，贫困地区面貌和贫困群众生活发生了翻天覆地的变化，教育资助和医疗保障实现全覆盖，累计建成近3000公里联通贫困县的高速公路、2.4万公里村水泥路，完成172万余户危房改造，贫困县农民收入年均增幅高出全省平均水平3.6个百分点。令人感动的是，各级干部特别是扶贫干部长年奋斗在一线，砥砺了初心使命，锤炼了党性作风，密切了党群干群关系，厚植了党的执政根基。

我们也清醒认识到，打赢脱贫攻坚战，做到全面小康"不落一人"，任务仍然艰巨。目前全省剩余贫困人口中因病因残致贫的占76%，小学及以下文化的占61.8%，且大多集中在武陵山连片特困地区。这次疫情也对脱贫攻坚带来新影响新挑战。必须进一步把思想和行动统一到习近平总书记重要指示精神上来，深刻领会把握实现全面脱贫"没有任何退路和弹性""决不能松劲懈怠"的明确要求，深刻领会把握"脱贫摘帽不是终点，而是新生活、新奋斗的起点"的殷殷嘱托，深刻领会把握要对国之大者心中有数，强化责任担当的谆谆告诫，自觉对标看齐，坚定必胜信心，努力向党和人民交出一份满意答卷。

坚持不懈抓重点补短板强弱项，确保如期高质量完成脱贫攻坚目标任务

"行百里者半九十"。当前，克服疫情对脱贫攻坚影响的任务不轻，工作层面短板弱项仍然存在。必须进一步强化问题导向、目标导向、结果导向，集中精力、倒排任务，开足马力冲刺、全力以赴攻坚。

在补齐短板上再集中发力。问题就是短板，就是工作努力的方向。现在有些问题往往不是普遍的，而是个别的，通过努力是完全可以解决的，关键是能不能及时发现并高度重视、推动解决。必须紧盯贫困户收入、"两不愁三保障"、政策落实等方面存在的短板不足，下定决心，全面彻底、不留死角推进整改清零。打工收入往往是一些贫困户的重要收入来源，今年疫情对沿海外贸企业冲击比较大，对农民工外出务工收入也会造成较大影响，这些都应当精准分析和应对。湖南提出推动义务教育、社会保障、农村安全饮水等"六个全覆盖"，这应与"两不愁三保障"问题整改结合起来。

在巩固提升上再抓细抓实。着力克服疫情影响，敏锐把握疫情对产业、消费、就业结构带来的新变化，加强劳务对接和劳务培训，支持鼓励农民工就近就业或返乡创业，乡村公益性岗位优先安排贫困劳动力，加快推进"禁养"特色产业项目转产转型。着力提高产业扶贫可持续性，坚持走"专、精、特"路子，健全利益联结机制，把产业扶贫与科技兴农结合起来，推动特色优势农副产品不断改良提质，帮助做好供销对接。着力强化易地扶贫搬迁后续扶持，统筹抓好搬迁安置与产业发展、就业帮扶、配套建设等工作，确保"搬得出、稳得住、融得进、逐步能致富"。着力强化返贫致贫监测帮扶，加强对不

稳定户、边缘户以及因疫情或其他原因收入骤减或支出骤增户的动态监测，提前采取有针对性的预防措施。

在群众工作上再尽心尽力。脱贫攻坚成效如何，不仅要数字算账，还要群众认账。应该说，大多数群众来信来访还是有一定道理的，有的地方扶贫领域出现一些负面问题，根本上还是政策落实存在温差偏差。对每个信访件都应当认真研究、及时化解，不管是正确、部分正确还是不正确的，都应有回应，及时把矛盾化解在基层。加强政策宣传解释，做实做细思想政治工作。

坚持在重大工作、重大斗争中考察识别干部，让党旗始终在脱贫攻坚一线高高飘扬

脱贫攻坚越到最后越吃劲，越要加强党的领导，更好发挥党的政治优势、组织优势和制度优势，为决战脱贫攻坚提供坚强政治保障。

坚定不移稳队伍、稳人心、稳干劲。保持贫困地区党政正职稳定，是保持脱贫攻坚政策稳定的重要措施，稳的是岗位，强化的是政治责任，锤炼的是党性作风，收获的是人生价值，体现的是一张蓝图干到底的优势。必须进一步稳定充实扶贫队伍，严格落实"四个不摘"的要求，引导广大扶贫干部保持定力、强化担当，一如既往地干下去。已摘帽县要认识到摘帽不是终点，非贫困县也不能因为贫困人口不多而麻痹大意。

推动干部尽锐出战、担当作为。把脱贫攻坚作为培养锻炼干部的重要舞台，坚持严管与厚爱相结合，更加注重在扶贫一线考察和发现干部，对表现突出的大胆提拔重用，不胜任的该调整的调整、该撤换的撤换。前段时间以来，湖南省委派出 64 个考察组到 77 个县（市、区）考察，各级纪检监察机关派出近万名干部驻村蹲点督查，目的就

是深入一线了解真实情况，考察了解干部在脱贫攻坚中的表现。继续坚持"三个区分开来"，正确把握干部工作中的失误、错误的性质和影响，切实保护干事创业的积极性。完善和落实干部待遇保障制度，特别是对因公殉职的基层扶贫干部家属，及时给予抚恤、长期慰问帮扶。

着力夯实基层基础。决战脱贫攻坚进而推进乡村振兴，关键要留下一支永不走的工作队。湖南省出台了全面加强基层建设的意见及五个实施方案，千方百计为基层"明职权、畅通道、优待遇、留人才、减负担"，基层组织凝聚力战斗力明显加强。下一步关键是要聚焦重点任务和突出问题，持续加大执行力度，让政策红利真正转化为基层的获得感，进一步体现重视基层、关爱基层的鲜明导向。结合明年村两委集中换届，持续排查整顿软弱涣散村党组织，选优配强党组织书记，加大党员创业致富带头人培养力度。

以严实作风冲刺全面收官。决战脱贫攻坚，来不得半点虚伪和骄傲，来不得半点形式主义官僚主义。必须坚决防止"松劲懈怠"，不能因为思想重视程度减弱、工作频道转移而前功尽弃；防止"急躁抢跑"，不能因为快要收账交账了，就突击快上，急于"清零"，搞数字脱贫、虚假脱贫；防止"坐等过关"，不能认为"最后反正要宣布脱贫的，自己这里肯定也能过关"，盲目乐观、坐等考核；防止"只督不战"，搞层层督战、多头督战，只发现问题、不帮助解决问题；防止"层层加码"，在任务安排、督查考核等方面加强统筹协调，切实为基层减负，避免随意追责。

更好发挥县委"一线指挥部"和县委书记"一线总指挥"的重要作用，凝心聚力决战决胜脱贫攻坚

县一级是脱贫攻坚抓落实的关键环节。"一线总指挥"作用发挥

怎么样，指挥作战敏不敏锐、坚不坚定、担不担当，对打赢这场硬仗至关重要。

近年来，广大县（市、区）委书记作为"一线总指挥"，不管身处贫困县还是非贫困县，都自觉担当脱贫攻坚政治责任，干在一线、冲锋在前，积极投身这场中华民族史上彻底消灭绝对贫困的战斗。

当前脱贫攻坚已到了各级领导干部意志定力和能力作风大比拼的关键时期。广大县（市、区）委书记应当牢记习近平总书记做到心中"四有"、成为"四种人"的谆谆告诫，坚持扑下身子抓落实，善于把党中央关于脱贫攻坚的决策部署和本地实际结合起来，具体抓、深入抓、持续抓，切忌大而化之、笼而统之；坚持学习实践强能力，既增强专业素养，又增强全局把握能力，胸怀大局、弹好钢琴，拿捏把握好工作的时度效，及时总结经验教训，转化为推动脱贫攻坚和县域治理的能力；坚持居安思危守底线，加强对不稳定因素的分析研判，重大决策、重大问题必须事先进行风险评估；坚持宁静淡泊作奉献，保持既平和淡泊又积极向上的心态，珍惜岗位平台，真抓实干、心无旁骛地多为党和人民作贡献，努力在决胜全面小康、决战脱贫攻坚的伟大事业中书写人生华章。

《学习时报》2020 年 7 月 15 日

举全区之力坚决打赢脱贫攻坚收官战

广西壮族自治区党委书记　　鹿心社

今年是决战决胜脱贫攻坚收官之年。习近平总书记出席决战决胜脱贫攻坚座谈会并发表重要讲话，动员全党全国全社会力量，以更大决心、更强力度推进脱贫攻坚，发出了最后总攻的动员令，为打赢打好脱贫攻坚收官战提供了重要遵循。在全国两会期间，习近平总书记强调，要努力克服新冠肺炎疫情带来的不利影响，付出更加艰辛的努力，坚决夺取脱贫攻坚战全面胜利。习近平总书记十分关心广西脱贫攻坚工作，多次作出重要指示，今年全国两会前夕又对毛南族实现整族脱贫作出重要指示，充分体现了习近平总书记对民族地区发展和民族群众的关心关怀，对广西脱贫攻坚工作的充分肯定和鼓励鞭策，为我们打赢脱贫攻坚战给予精准指导、增添强大动力。广西要深入贯彻落实习近平总书记重要讲话和重要指示精神，努力克服疫情影响，坚决夺取脱贫攻坚全面胜利，确保与全国同步全面建成小康社会，不辜负习近平总书记和党中央重托，不辜负全区各族人民期盼。

提高政治站位，奋力夺取疫情防控和脱贫攻坚双胜利

打赢脱贫攻坚战是全面建成小康社会的底线任务和标志性工程，

特别是收官之年遭遇疫情，任务更重、难度更大，必须进一步提高政治站位，全力夺取疫情防控和脱贫攻坚双胜利，以实际行动坚决践行"两个维护"。

科学把握脱贫攻坚形势任务，进一步坚定信心决心。我国脱贫攻坚取得决定性成就，区域性整体贫困基本得到解决，为广西决战决胜脱贫攻坚注入强大信心和力量。全面打响脱贫攻坚战4年多来，广西把打赢脱贫攻坚战作为最大政治责任和第一民生工程，举全区之力集中攻坚，累计减少建档立卡贫困人口450万人，贫困发生率从10.5%下降至0.6%，实现4719个贫困村、46个贫困县摘帽，连续4年在国家扶贫开发成效考核中被评为"综合评价好"等次。要进一步坚定必胜信心，一鼓作气，乘势而上，坚决打赢脱贫攻坚收官战，为全面建成小康社会作出广西贡献。

充分认识困难和挑战，决不松劲懈怠。脱贫攻坚战从决定性成就到全面胜利，面临的困难和挑战依然艰巨，决不能松劲懈怠。广西还有24万建档立卡贫困人口未脱贫，人数排全国第4位，还有660个贫困村未出列、8个贫困县未摘帽，分别占全国的24.9%和15.4%。要充分认识打赢脱贫攻坚收官战的艰巨性和紧迫性，坚决克服麻痹思想、厌战情绪、松劲心态，坚持底线思维，以不获全胜决不收兵的信心决心，全力攻克最后贫困堡垒。

统筹疫情防控和脱贫攻坚，坚决兑现承诺。要努力克服疫情影响，落实分区分级精准防控策略，统筹推进疫情防控和脱贫攻坚。要坚持外防输入、内防反弹，做细做实常态化疫情防控措施，加快推进扶贫产业发展、易地扶贫搬迁后续扶持和基础设施项目建设，做好贫困劳动力转移就业和因疫返贫、新致贫人口帮扶，努力将疫情影响降到最低，决不让疫情影响决战决胜脱贫攻坚大局。

坚持目标导向、问题导向、结果导向聚力攻坚，确保各项任务全面收官

到 2020 年现行标准下的农村贫困人口全部脱贫，是党中央向全国人民作出的郑重承诺，必须如期实现，没有任何退路和弹性。广西要拿出破釜沉舟的勇气、背水一战的决心，盯住目标、聚力攻坚，确保剩余贫困人口全部脱贫、贫困村全部出列、贫困县全部摘帽。

打好深度贫困歼灭战。深度贫困地区是脱贫攻坚的重中之重、难中之难、坚中之坚，必须集中优势兵力，打一场歼灭战。对全区剩余未脱贫摘帽的 8 个贫困县以及贫困发生率高的 48 个贫困村进行挂牌督战，实施一县一方案、一月一调度，在资金、项目、政策等方面给予深度贫困地区重点倾斜。加大少数民族聚居区、边境地区、大石山区脱贫攻坚力度，抓好边贸扶贫、边境地区脱贫发展，提高边民生活补助标准，加强特殊贫困人口兜底保障，做到应保尽保。

坚决打赢"四大战役"。能否如期完成义务教育保障、基本医疗保障、住房安全保障和饮水安全"四大战役"，直接关系脱贫攻坚成败。在全区范围内系统深入排查摸底，逐村逐户逐项查缺补漏、对账销号。强化资金保障，加强统筹调度，倒排工期，挂图作战，确保"四大战役"各项目标任务按期完成，全面解决"两不愁三保障"问题。

全面完成问题整改。把中央脱贫攻坚专项巡视"回头看"反馈意见、国家脱贫攻坚成效考核反馈问题、中央纪委调研督导指出问题、自治区"四合一"实地核查和平时暗访发现问题"四项整改"结合起来，加强统筹，一体推进、一体整改，一项一项整改清零、一户一户对账销号，以扎扎实实的整改成效确保脱贫攻坚圆满收官。

全方位防止返贫和新致贫。脱贫攻坚越到决战最后关头，越要防止返贫、新致贫。目前，广西共有纳入监测管理的边缘户 3.95 万户 14.5 万人、脱贫监测户 2.53 万户 10.28 万人，防止返贫和新致贫任务艰巨。要建立健全返贫预警干预和精准帮扶机制，加强动态排查和监测，落实差异化精准扶持政策，统筹做好非贫困县、非贫困村脱贫攻坚，坚决防止脱贫人口返贫、边缘人口致贫。尤其要针对疫情影响，落实产业奖补、消费扶贫、就业帮扶、社会保障等帮扶措施，防止因疫返贫致贫。

持续强化攻坚举措，巩固提升脱贫成果

脱贫摘帽不是终点，而是新生活、新奋斗的起点。必须更加注重脱贫质量，巩固提升脱贫成果。

持续抓好产业扶贫。坚持以工业化理念和产业链思维推进扶贫产业发展，前端抓好技术支撑，中间抓好生产组织，后端抓好市场营销。大力发展农产品冷链物流、深加工、农产品电商等全产业链，促进农村一二三产业融合发展。加强特色农业品牌建设，积极组织产销对接，充分利用"互联网+"等多种形式开展消费扶贫。强化龙头企业带动，加大创业致富带头人培育，完善持续稳定的利益联结机制，带动贫困户在全产业链发展中增收致富。

加大就业帮扶力度。保就业是"六保"任务之首，也是巩固脱贫成果、提高脱贫质量的关键。要结合粤桂扶贫协作，加大贫困劳动力就业技能培训，强化劳务输出供需精准对接，促进贫困劳动力转移就业。大力扶持扶贫龙头企业、扶贫车间，加快以工代赈基础设施项目实施，持续开发扶贫公益性岗位，帮助贫困劳动力就地就近就业。

加强易地扶贫搬迁后续扶持。广西搬迁安置贫困人口达 71 万人，

做好后续扶持直接关系脱贫质量。要加强劳动密集型产业园区建设，确保有劳动力的搬迁户有 1 人以上实现稳定就业，加快搬迁点基础设施和公共服务项目建设，解决好搬迁群众产业发展、就业安置、公共服务和社会融入等问题，确保搬迁群众稳得住、有就业、逐步能致富。

夯实可持续发展基础。加快补齐基础设施短板，确保年内实现具备条件的乡镇和建制村全部通客车，基本消除农村地区用电"卡脖子"问题，力争年内实现 20 户以上的自然村全部覆盖 4G 网络。激发贫困人口内生动力，更多地通过以奖代补、"定岗不定人"公益岗位等形式实施，防止"养懒汉"。做好脱贫攻坚与乡村振兴有效衔接，建立巩固脱贫成果长效机制，增强贫困地区可持续发展能力。

加强党的领导，确保各项工作有力有序推进

脱贫攻坚越到最后越要加强和改善党的领导。要压紧压实政治责任，发挥党的领导政治优势和党组织的核心作用，凝聚脱贫攻坚强大合力。

压紧压实责任。强化五级书记抓扶贫责任制，督促党政主要负责同志切实履行第一责任人的政治责任，压实行业部门责任，集中各行业部门力量，做到尽锐出战。狠抓工作落实，每一项工作都要列出问题清单、任务清单、责任清单，确保有始有终、落实到位，不在最后时刻"掉链子"。

保持政策稳定。严格落实"四个不摘"要求，确保对脱贫摘帽县在产业发展、就业帮扶、易地扶贫搬迁后续扶持、兜底保障等方面扶持力度不减。保持扶贫小额信贷等政策稳定，对受疫情影响还款困难的贫困户，适当延长还款期限。保持扶贫队伍基本稳定，对脱贫任务

重的贫困村增派工作队员，确保帮扶力度不减、工作不断档。

锤炼队伍作风。狭路相逢勇者胜，关键时刻看作风。持续开展扶贫领域腐败和作风问题专项整治，坚决克服形式主义、官僚主义，切实减轻基层负担，让基层干部心无旁骛抓好脱贫攻坚工作。深入开展黄文秀同志先进事迹宣传学习活动，关心关爱基层扶贫干部的生活、健康和安全，激励广大扶贫干部担当作为。

严格考核评估。进一步完善市县扶贫成效考核、行业扶贫考核、定点扶贫考核、平时考核等扶贫考核评价机制，认真抓好贫困县退出专项评估，严格执行贫困退出的标准和程序，确保脱贫过程扎实、结果真实，高质量打赢脱贫攻坚战。

《学习时报》2020 年 6 月 24 日

高质量落实"小康不小康，关键看老乡"为海南自贸港建设营造氛围打牢基础

海南省委书记（时任） 刘赐贵

习近平总书记 2013 年在海南考察时强调，小康不小康，关键看老乡。消除贫困、改善民生、实现共同富裕，是社会主义的本质要求，也是我们党守初心、担使命的必然要求。党的十八大以来，以习近平同志为核心的党中央站在全面建成小康社会、实现中华民族伟大复兴中国梦的战略高度，向全世界作出坚决打赢脱贫攻坚战的庄严承诺，作出一系列重大决策部署，脱贫攻坚力度之大、成效之显、影响之深前所未有，成功走出了一条中国特色扶贫开发道路，奋力书写了人类反贫困的奇迹，充分彰显了中国共产党领导和我国社会主义制度的政治优势。

今年 3 月 6 日，习近平总书记在决战决胜脱贫攻坚座谈会上发表重要讲话，充分肯定了全国脱贫攻坚取得的决定性成就，深刻分析了打赢脱贫攻坚战面临的困难挑战，对加强党对脱贫攻坚的领导、高质量完成脱贫攻坚目标任务提出了明确要求，具有很强的战略性、指导性和针对性，再一次向全党全国人民吹响了打赢脱贫攻坚战的冲锋号，为我们坚决夺取脱贫攻坚战全面胜利、确保全面建成小康社会指明了前进方向、提供了根本遵循、注入了强大动力。

对于海南来说，坚决打赢脱贫攻坚战，是贯彻党中央重大决策部署、决胜全面建成小康社会的历史使命，是落实习近平总书记"小康不小康，关键看老乡"嘱托的政治责任，是建设中国特色自由贸易港、争创新时代中国特色社会主义生动范例的重要前提和底线目标，是打造海南人民的幸福家园、中华民族的四季花园、中外游客的度假天堂的重要内容，也是解决当前海南发展不平衡不充分问题、推进治理体系和治理能力现代化的重要举措。

省第七次党代会以来，海南坚持以习近平新时代中国特色社会主义思想为指导，坚决贯彻落实党中央、国务院各项决策部署，通过五级书记抓脱贫攻坚，不断强化"五级战斗体系"，形成了齐抓共管的脱贫攻坚工作局面。通过解决贫困人口"两不愁三保障"问题，让贫困群众上得起学、看得起病、喝上安全水、住上安全房。通过加强光、电、路、气、水"五网"基础设施建设，全面改善农村生产生活条件，以"三清两改一建"为重点推动农村人居环境优化。通过产业扶贫、就业扶贫，让贫困群众脱贫致富、农村集体经济壮大，大大改善了农村社会面貌和农民精神面貌。通过抓党建促脱贫，农村基层党组织战斗力进一步加强，并以"一核两委一会"为重点促进了乡村治理水平不断提高。通过脱贫攻坚锻炼了队伍、培养了干部、拉近了党群干群关系。目前，我省5个国定贫困县全部脱贫摘帽，所有贫困村全部出列，全省综合贫困发生率由2017年3.9%下降至现在0.01%，贫困地区居民可支配收入增速普遍高于全省平均水平，为全省决战决胜脱贫攻坚、全面建成小康社会打下了坚实基础，极大地增强了我们的必胜信心和昂扬斗志。

海南自由贸易港建设是习近平总书记亲自谋划、亲自部署、亲自推动的重大国家战略，今年是海南自由贸易港建设总体方案实施之年。海南60%的人口、80%的土地在农村，脱贫攻坚的质量越高，海南自由贸易港建设开局起步的基础就越稳固。面对新形势、新挑战、新任务，我们清醒认识到巩固脱贫成果防返贫还有大量工作要做，特别是收官之年又遭遇新冠肺炎疫情影响，各项工作任务更重、要求更高，必须增强"四个意识"、坚定"四个自信"、做到"两个维护"，深入学习贯彻落实习近平总书记关于脱贫攻坚、统筹推进疫情防控和经济社会发展工作的系列重要论述，把思想和行动统一到党中央的决策部署上来，以"一天当三天用"的干劲和"干一件成一件"的韧劲，用更高质量、更高标准、更严要求巩固深化脱贫攻坚成果，全力应对新冠肺炎疫情防控、全面建成小康社会、加快推进海南自由贸易港建设"三个大考"，坚决夺取脱贫攻坚全面胜利，向党中央和全省人民交上一份合格答卷。

狠抓统筹施策，坚决克服疫情不利影响，确保全面完成今年脱贫攻坚目标任务。要统筹推进疫情防控和经济社会发展工作，特别是要抓好涉及决胜全面建成小康社会、决战脱贫攻坚的重点任务，不能有缓一缓、等一等的思想。新冠肺炎疫情发生以来，海南省委、省政府成立农业生产和脱贫攻坚专项工作组，及时出台抗疫情保增收防返贫十五条措施以及"三农"领域"一抗三保"（即抗疫情、保畅销、保生产、保增收）十条措施，所有省领导带头参加为期100天的消费扶贫"春风大行动"，在增加种植面积、扩大养殖规模、提高产品质量、畅通市场销路、积极外出务工等方面抓得早、抓得实，取得扎实成效。我们将统筹农产品生产销售，加快恢复农业生产，扩大种养规模，优化种养结构，防止土地撂荒，打通流通环节，用好消费扶贫、电商扶贫、瓜菜出岛"绿色通道"，确保农产品种得好也卖得好。将统筹扶贫项目开工复工和农民就业务工，组织贫困劳动力参与扶贫项目建设，鼓励农民外出务工，解决贫困群众增收和企业用工难问题，鼓励更多有知识、有能力、有技术的青年农民和大学生返乡创业就业。

狠抓持续投入，保持脱贫攻坚政策稳定，确保对退出的贫困市县和贫困人口扶上马送一程。今年是脱贫攻坚收官之年、决战决胜之年，必须坚持"三不减三提高三加强"（即背水一战的意识不减、脱贫攻坚的力量不减、扶贫的资金措施不减，提高贫困人口识别准确率、提高贫困人口退出准确率、提高群众综合满意度，加强产业扶贫、加强人居环境整治、加强可持续的内生动力），确保全面完成脱贫任务。对退出的贫困县、贫困村、贫困人口，要确保政策支持力度和各项投入不能减弱。我们将严格落实摘帽不摘责任、不摘政策、不摘帮扶、不摘监管的"四不摘"要求，严防扶贫政策"急刹车"。将加大资金支持力度，提高资金使用效率，强化资金监督管理，真正把扶贫资金用好、用足、用到位，确保经得起审计、经得起历史和人民的检验。将完善省精准扶贫大数据管理平台功能，准确掌握脱贫人口和边缘群体情况，及时将返贫人口和新增贫困人口纳入帮扶范围，切实防止返贫。

狠抓质量提升，多措并举巩固脱贫攻坚成果，确保高质量打赢脱贫攻坚战。当前，尽管我省绝对贫困人口已经很少，但脱贫不稳定户、边缘户的数量还不少，特别是受疫情影响的10万建档立卡贫困户还可能存在因疫返贫、因疫致贫的风险，今年巩固提升的任务还很重。我们将全面巩固提升"两不愁三保障"和饮水安全，教育、卫健、医保、住建和水务等有关部门要采取有力措施，全面实现贫困人口脱贫的底线要求和核心标准。将继续提升贫困群众的内生动力，坚持"智志双扶"，通过脱贫致富电视夜校等多种途径提高他们的认知水平、综合素质和自我发展能力。将以更高标准推进乡风文明行动，持续加强农村精神文明建设，推进"治懒散、治酗酒、治私彩、治浪费、治不孝、治脏乱"专项活动，积极培育文明乡风、良好家风、淳朴民风。

狠抓补齐短板，接续推进全面脱贫与乡村振兴有效衔接，确保在实施乡村振兴战略上走在全国前列。习近平总书记指出，脱贫摘帽不是终点，而是新生活、新奋斗的起点。我们将坚持把脱贫攻坚与乡村振兴结合起来，探索建立巩固脱贫成果和解决相对贫困的长效机制，统筹解决镇村规划建设质量不高、基础设施配套不足、人居环境不理想、产业支撑不足等突出问题，补上全面小康"三农"领域突出短板，推进农业产业化、现代化和乡村全面振兴。将坚持以农村人居环境整治三年行动为契机，继续开展以"清洁村庄美化家园"为主题的"三清两改一建"村庄清洁行动，打造良好人居环境。将坚持以"美丽海南百镇千村"建设为抓手，因地制宜发展乡村旅游，积极开发特色民宿，带动群众特别是贫困群众在家门口吃上"旅游饭"，把绿水青山变为百姓增收致富的金山银山。将坚持"全省一盘棋、全岛同城化"理念，着力解决全省农村特别是贫困农村地区的通信、电力、道路等"五网"基础设施短板问题，打通服务群众"最后一公里"，提升城乡教育、医疗等公共服务均等化水平。

狠抓党的领导，强化"五级书记抓脱贫攻坚"和基层党组织建设，为打赢脱贫攻坚战提供坚强的政治保障。习近平总书记强调，脱贫攻坚越到最后越要加强和改善党的领导。我们将持之以恒推进"五级书记抓脱贫攻坚"，严格落实责任，把坚决打赢脱贫攻坚收官战作为检验是否增强"四个意识"、坚定"四个自信"、做到"两个维护"的具体体现。将持之以恒夯实农村基层党建，发挥广大基层干部特别是驻村第一书记、乡村振兴工作队员先锋模范作用，注重在脱贫攻坚一线考察识别干部，把每个基层党组织都打造成坚强的战斗堡垒。将持之以恒强化扶贫领域作风建设，持续深入开展扶贫领域腐败和专项治理，对脱贫攻坚工作中的形式主义、官僚主义，尤其是违纪违法行为绝不姑息、严查到底。将持之以恒营造良好舆论氛围，讲好海南扶贫故事，推动脱贫攻坚与"我为加快推进海南自由贸易港建设作贡献"活动深度融合，真正把广大群众的力量调动起来，营造人人参与、人人实干、人人奉献的氛围。

脱贫攻坚这场硬仗，越到最后越不能停顿、不能大意、不能放松。在脱贫攻坚进入决胜的关键阶段，我们将更加紧密团结在以习近平同志为核心的党中央周围，坚定信心、拼搏实干，坚决夺取脱贫攻坚全面胜利，为加快建设美好新海南和自由贸易港作出新的贡献！

《学习时报》2020 年 5 月 25 日

坚决夺取脱贫攻坚全面胜利

重庆市人民政府市长　唐良智

今年是全面建成小康社会收官之年，是脱贫攻坚战决胜之年。3月6日，习近平总书记出席决战决胜脱贫攻坚座谈会并发表重要讲话，深刻分析脱贫攻坚面临的形势，对高质量完成脱贫攻坚目标任务提出明确要求，向全党全社会发出了打赢脱贫攻坚战的总攻动员令。重庆市委、市政府和全市干部群众闻令而动、迅速行动，深入学习贯彻习近平总书记重要讲话精神，以更大决心、更强力度推进脱贫攻坚，坚决克服新冠肺炎疫情影响，坚决夺取脱贫攻坚全面胜利，努力向党和人民交出一份合格答卷。

深学笃用习近平总书记关于扶贫工作重要论述，增强决战决胜脱贫攻坚的责任感使命感

党的十八大以来，党中央把脱贫攻坚摆到治国理政突出位置，习近平总书记亲自决策、亲自部署、亲自督战，推动脱贫攻坚取得决定性成就，创造了世所罕见的脱贫奇迹。当前，脱贫攻坚已进入倒计时，迎来最后的决战时刻，重庆必须坚持以习近平新时代中国特色社会主义思想为指导，深学笃用习近平总书记关于扶贫工作重要论述，

增强"四个意识"、坚定"四个自信"、做到"两个维护",全力以赴决战决胜脱贫攻坚。

深刻认识我国脱贫攻坚取得的决定性成就,进一步坚定决战决胜的信心决心。脱贫攻坚战打响以来,我国扭转了过去贫困人口减到3000万左右就减不动和贫困县越扶越多的趋势,连续7年每年减贫1000万人以上,区域性整体贫困基本得到解决,脱贫攻坚力度之大、规模之广、影响之深前所未有,成就举世瞩目,充分彰显了中国共产党领导和中国特色社会主义制度的政治优势,为全球减贫事业贡献了中国智慧和中国方案。实践证明,只要坚定信心、顽强奋斗、乘势而上,就一定能够打赢脱贫攻坚这场硬仗,全面建成小康社会。

深刻认识脱贫攻坚面临的困难挑战,进一步明确决战决胜的主攻方向。脱贫攻坚战不是轻轻松松一冲锋就能打赢的,从决定性成就到全面胜利,面临的困难和挑战依然艰巨,决不能松劲懈怠。从重庆情况看,经过全市上下共同努力,目前18个贫困区县已全部摘帽,1919个贫困村全部出列,动态识别的185.1万贫困人口已脱贫182.6万,贫困发生率由2014年的7.1%下降到了0.12%,脱贫攻坚取得了决定性进展。但18个深度贫困乡镇脱贫基础依然薄弱,剩余2.44万贫困人口大都是贫中之贫、困中之困,完成剩余脱贫攻坚任务、巩固脱贫成果还有很多硬骨头要啃,突如其来的新冠肺炎疫情和洪涝灾害又带来新的困难和挑战,夺取脱贫攻坚战全面胜利并不轻松,必须坚持目标导向、问题导向、结果导向全力攻坚,坚决防止各类风险挑战叠加、阻滞脱贫攻坚收官进程。

深刻认识脱贫攻坚收官之战的重要性紧迫性,进一步增强决战决胜的使命担当。到2020年现行标准下的农村贫困人口全部脱贫,是党中央向全国人民作出的郑重承诺,必须如期实现,没有任何退路和弹性。脱贫攻坚成效决定全面小康成色,事关党的形象和威信。这是一场硬仗，越到最后越要绷紧弦、加把劲，决不能麻痹大意、松劲懈怠，必须坚定不移向贫困发起总攻，坚决打赢打好脱贫攻坚战。

咬定目标一鼓作气，全力推进脱贫攻坚全面收官

去年4月，习近平总书记在重庆主持召开解决"两不愁三保障"突出问题座谈会时强调，"脱贫攻坚战进入决胜的关键阶段，打法要同初期的全面部署、中期的全面推进有所区别，最要紧的是防止松懈、防止滑坡"。遵照习近平总书记的重要指示要求，重庆坚持目标标准，落实精准方略，始终保持决战决胜的攻坚态势，一鼓作气、顽强作战，努力确保高质量完成脱贫攻坚目标任务。

全力化解疫情灾情影响。重庆脱贫攻坚任务不轻，收官之年又遭遇疫情影响，加之七八月份旱涝交替，各项工作任务更重、要求更高，必须及时排查疫情灾情影响，及时完善脱贫攻坚政策措施，坚决防止因疫因灾致贫返贫。强化就业扶贫，"点对点"落实纾困惠企政策，支持企业稳岗扩岗，开发用好公益性岗位，开展稳定农民工就业专项行动，努力把贫困劳动力稳在企业、稳在就业地。强化消费扶贫，统筹"线上""线下"两种手段，推动"直播带货"和"渝货进山东"，深化产销对接，让绿色农产品卖得出、卖得远、卖得快、卖得好。强化扶贫项目建设，加快项目进度和资金拨付力度，确保按时保质保量建成投用。强化抗灾自救和灾后重建，抓紧抢修水毁扶贫基础设施，抓紧受灾农作物补种换种，努力把疫情灾情影响降到最低。

全力完成剩余脱贫任务。聚焦18个深贫乡镇和100个定点攻坚村，由市领导定点包干深度贫困乡镇，市级相关部门和区县党政主要负责人常态化深入攻坚乡镇和村蹲点督战，在一线推动脱贫攻坚工作，点对点落实攻坚措施，集中力量打好深度贫困歼灭战。聚焦2.44

万未脱贫人口，制定"增强版"政策措施，强化区县干部结对帮扶，加大医疗救助、低保兜底、就业扶持等力度，落实低保渐退期和分户制度，确保脱贫路上不落一户、不掉一人。聚焦"两不愁三保障"突出问题，深入推进脱贫措施"户户清"行动，建立常态排查、动态销号、每月清零制度，常态化做好教育、医疗、住房和饮水安全保障查漏补缺，持续提升义务教育教学质量和基层医疗诊疗服务能力，确保稳定实现"两不愁三保障"。

全力抓好脱贫攻坚问题整改。把脱贫攻坚问题整改作为重大政治任务，认真落实"领导小组＋专项小组＋定点包干"责任体系，对照问题清单、任务清单、责任清单，一体推进中央脱贫攻坚专项巡视"回头看"、国家脱贫攻坚成效考核、"不忘初心、牢记使命"主题教育检视及审计、督查发现问题整改，限时完成整改任务，建立健全长效机制，确保反馈问题全清零、整改任务全落地，以高质量整改推动高质量脱贫。

全力巩固脱贫攻坚成果。坚持把防止返贫摆在更加重要位置，建立健全稳定脱贫长效机制。严格落实"四个不摘"要求，不搞急刹车，保持扶贫政策不变、扶持力度不减、帮扶队伍不撤，加大财政扶贫、科技扶贫、人才支持等力度，对脱贫摘帽的贫困区县、贫困村、贫困人口扶上马送一程。持续深化精准帮扶，扎实开展脱贫攻坚"百日大会战"，实施健康医疗扶贫、产业扶贫、就业扶贫、消费扶贫、乡村旅游扶贫、扶贫小额信贷及金融扶贫、易地扶贫搬迁后续扶持、生态扶贫、社会救助兜底、"志智双扶"等"十大"专项行动，不断增强贫困地区和贫困群众自我发展能力。建立完善防止返贫监测和帮扶机制，采取个人申报、上门排查、信息筛查、数据比对相结合的方式，常态化、机制化推动监测和帮扶工作，对3.2万脱贫监测人口和3.4万边缘人口实行台账管理，分类做好跟踪帮扶工作，确保贫困村脱贫成果巩固提升不反弹、贫困户持续增收稳定脱贫不返贫。

接续推进全面脱贫与乡村振兴有机衔接。脱贫摘帽不是终点，而是新生活、新奋斗的起点。重庆坚持试点先行，在3个贫困区县、18个深度贫困乡镇、18个贫困村深入开展脱贫攻坚与乡村振兴有机衔接试点，强化规划衔接、政策衔接、工作衔接、保障衔接，探索建立长短结合、标本兼治的体制机制。深化政策研究，探索建立解决相对贫困的长效机制，抓紧研究接续推进减贫工作，推动减贫战略和工作体系平稳转型。突出制度建设，研究编制"十四五"巩固脱贫成果规划，及时修改完善我市关于加强脱贫攻坚与实施乡村振兴战略有机衔接的实施意见，逐步实现从脱贫攻坚向乡村振兴平稳过渡。

坚决扛起脱贫攻坚政治责任，以决战决胜的实际成效践行初心使命

习近平总书记强调，"脱贫攻坚越到最后越要加强和改善党的领导"，要求"各级党委（党组）一定要履职尽责、不辱使命"。重庆必须慎终如始、保持定力，全面夯实脱贫攻坚政治责任、领导责任、工作责任，为决战决胜、全面收官提供坚强保证。

拧紧责任链条。坚持"市负总责、区县抓落实""五级书记一起抓"和"双组长"制，压紧压实各级党委和政府主体责任、职能部门属事责任、纪检监察机关监督责任，强化各级领导干部特别是市级领导干部定点包干责任，不折不扣落实脱贫攻坚各项任务。

凝聚扶贫合力。整合政府、社会和企业资源，优化区县对口帮扶机制，充实市级扶贫集团和区县对口帮扶力量，营造主动关心扶贫、积极参与扶贫、共同助力扶贫的浓厚社会氛围。深化鲁渝扶贫协作和中央单位定点扶贫，加强工作衔接、促进项目对接，拓展合作领域、

提升合作层次，以高水平扶贫协作助推高质量脱贫攻坚。

抓好普查督查。针对面上工作开展常态化督导，围绕重点工作开展集中督查，聚焦重点乡（镇）村开展定点攻坚。优化脱贫攻坚成效考核方式，强化考核结果运用，充分调动干部决战决胜脱贫攻坚的积极性、主动性、创造性。依法开展脱贫攻坚普查，严把数据质量关，坚决杜绝数字脱贫、虚假脱贫，为党中央适时宣布打赢脱贫攻坚战、全面建成小康社会提供数据支撑，确保经得起历史和人民检验。

锤炼过硬作风。巩固"不忘初心、牢记使命"主题教育成果，深化整顿软弱涣散基层党组织，深入推进扶贫领域作风建设和反腐败工作，认真落实为基层减负各项措施，坚决反对形式主义、官僚主义。加强扶贫机构及干部队伍建设，确保扶贫干部队伍在状态、在岗位、在一线，以优良作风决战决胜脱贫攻坚。

脱贫攻坚已经到了最后冲刺、决战决胜的关键阶段。重庆市广大干部群众将更加紧密地团结在以习近平同志为核心的党中央周围，坚持以习近平新时代中国特色社会主义思想为指导，深入学习贯彻习近平总书记关于扶贫工作重要论述和对重庆的重要指示要求，坚决落实党中央、国务院决策部署，坚决打赢打好脱贫攻坚收官之战，确保如期完成脱贫攻坚目标任务，确保全面建成小康社会。

《学习时报》2020 年 9 月 23 日

坚定必胜信心　兑现庄严承诺　坚决夺取四川脱贫攻坚收官之战全面胜利

四川省委书记　彭清华

脱贫攻坚是全面建成小康社会的标志性工程。四川省是全国扶贫任务最重的省份之一，如期打赢脱贫攻坚战、确保与全国同步全面建成小康社会，是省委、省政府向党中央、习近平总书记立下的军令状，是向全省各族人民作出的庄严承诺。今年3月6日，党中央召开决战决胜脱贫攻坚座谈会，习近平总书记出席并发表重要讲话，向全党全国人民发出了决战决胜脱贫攻坚的总攻号令，充分展现了我们党兑现庄严承诺的坚强意志和必胜信心。四川省及时召开省委常委会会议，认真学习领会习近平总书记重要讲话精神，在深入讨论的基础上，结合实际研究贯彻落实意见；召开全省决战决胜脱贫攻坚工作推进会，对贯彻习近平总书记重要讲话精神、坚决打赢四川省脱贫攻坚收官之战作出具体安排；聚焦凉山彝区这个重中之重，在西昌市召开挂牌督战凉山州脱贫攻坚座谈会，针对凉山州和7个未摘帽县存在的突出问题，逐一研究对策、提出要求。非常之时当有非常之举，收官之役必成决战之势。一定要坚决贯彻习近平总书记重要讲话精神，坚决落实党中央决策部署，进一步增强责任感使命感紧迫感，坚决克服新冠肺炎疫情影响，聚焦深度贫困堡垒一个战役一个战役打、一个山头一个山头攻，聚焦存在的突出问题和薄弱环节一项一项整改到位，以决战决胜的实际成效践行初心使命、做到"两个维护"、检验政治忠诚，坚决夺取收官之战全面胜利，确保与全国同步全面建成小康社会。

统筹推进疫情防控和脱贫攻坚工作，切实把新冠肺炎疫情影响降到最低

新冠肺炎疫情对贫困劳动力外出务工、农产品运输销售、扶贫项目开工复工等造成一定的冲击影响。落实党中央分区分级精准防控要求，以县域为单元实施差异化防控策略，在毫不放松抓好各项疫情防控措施落地落实的前提下，集中精力加快推进脱贫攻坚，努力把耽误的时间抢回来、把造成的损失补回来。千方百计促进贫困群众务工就业，实施农民工返岗"春风行动"，拓宽健康检测互认范围，加大劳务输出力度，积极开发公益性岗位和临时性岗位，帮助贫困劳动力安全返岗、充分就业。支持企业稳岗扩岗，落实好就业促进政策，用好以工代赈、劳动奖补等措施，扎实抓好扶贫产业恢复生产，组织扶贫龙头企业、扶贫车间有序复工复产，为贫困群众就业创造条件。着力破解扶贫农畜牧产品滞销卖难问题，组织好产销对接，大力开展消费扶贫行动，有效疏通农产品外销物流梗阻，用好"四川扶贫"公益性集体商标标识，加大网络电商推广力度，积极拓宽销售渠道。不失时机抓好春耕备耕，加强农资保障和农技指导，强化农经作物管护，确保农业发展、农民增收。

继续把凉山彝区作为重中之重集中攻坚，坚决攻克最后的深度贫困堡垒

凉山彝区是全国"三区三州"中的深度贫困地区。目前全国剩余

贫困发生率超过 10% 的 6 个县有 4 个在凉山州。全省剩余未脱贫摘帽的 7 个贫困县、300 个贫困村全部在凉山州，全省剩余 20.3 万贫困人口中的 87% 也在凉山州。凉山州是四川省脱贫攻坚的重中之重和决胜之地。全面落实综合帮扶凉山州脱贫攻坚 34 条支持政策和 16 条工作措施，全省新增财政扶贫资金主要投放到凉山州。充分发挥从全省各地选派到凉山州 5700 多人组成的综合帮扶工作队作用，引导各类帮扶资源要素继续向彝区倾斜聚焦，进一步查漏洞补短板强弱项，突出重点集中力量打歼灭战。综合施策解决特殊难题，继续铁腕禁毒、有效防艾，扎实抓好控辍保学、移风易俗和自发搬迁贫困户帮扶等工作，加快推动凉山彝区经济发展和现代文明进程。

加大攻坚力度、强化攻坚责任，以决战之势挂牌督战，对 7 个未摘帽县分别明确了省领导牵头督战，由省直有关部门分别组成工作专班，围绕当前最突出的易地扶贫搬迁、农村危房改造、饮水安全、贫困群众务工就业、产业发展、农产品销售、帮扶力量、作风保障以及义务教育、基本医疗、禁毒防艾等方面问题，长驻凉山州进行工作指导。工作专班既是督战队也是战斗队，与当地党委政府、基层组织、驻村工作队、项目施工方、新型经营主体、当地群众等一起发现问题、研究问题、解决问题，与大家一起干、带头冲。省直部门和基层目标同向、责任共担，相关任务不完成、工作专班不撤离；任务完成不好，所在地方和基层要问责，省直主管部门也要问责。

聚焦"两不愁三保障"狠抓问题整改，不断巩固脱贫成果、提升脱贫质量

"两不愁三保障"是贫困人口脱贫的基本要求和核心指标。去年四川在全省开展落实"两不愁三保障"回头看大排查，全面摸清了底

数，为做好收官之年工作争取了主动。一体推进大排查和巡视巡察、考核评估、督查暗访等发现问题整改，把整改的重点落在"户"上，一项一项整改清零，一户一户对账销号，大排查发现问题总体已整改完成90%以上，剩余问题将在今年6月底前全部整改到位。针对易地扶贫搬迁和农村危房改造进度滞后的突出短板，多措并举解决建材供应不足、用工短缺、施工组织效率低等问题，在保证工程质量的前提下千方百计加快施工进度，确保今年6月30日前全部建成并搬迁入住。同步完善基础设施和公共服务配套，扎实做好搬迁群众产业扶持、就业促进、社区治理、社会融入等工作，让群众搬得进、留得住、稳定脱贫、逐步致富。持续用力统筹抓好义务教育、基本医疗、饮水安全有保障等工作，进一步提高脱贫的质量和成色。

与以往相比，今年巩固提升脱贫成果、防止返贫致贫任务更重。建立健全返贫监测预警和应急救助机制，常态化开展"回头看""回头帮"，重点关注脱贫基础薄弱的地区、收入水平刚刚达到当年脱贫线的已脱贫人口、因疫情和其他原因收入骤减或支出骤增的户，强化定期核查、动态管理，全面落实兜底救助政策，坚决防止已脱贫人口返贫、边缘人口致贫。因地制宜发展扶贫产业，加强仓储、冷链、物流等现代化设施建设和科技服务配套，做长产业链条，抓好产品初加工和精深加工，健全利益联结机制，增强产业带贫能力。保持脱贫攻坚政策稳定，严格落实摘帽不摘责任、摘帽不摘政策、摘帽不摘帮扶、摘帽不摘监管的要求，对已退出的贫困县、贫困村、贫困人口扶上马送一程。接续推进全面脱贫与乡村振兴有效衔接，推动减贫战略和工作体系平稳转型，探索建立解决相对贫困的长效机制，助推贫困地区加快发展。

统筹用好各方面对口帮扶力量，凝聚脱贫攻坚全面收官的强大合力

对口帮扶是我们政治优势和制度优势的重要体现，也是脱贫攻坚的重要力量。这些年，广东省、浙江省与四川省开展东西部扶贫协作和对口支援，24 家中央单位在川开展定点扶贫，省内也组织了对口帮扶和定点扶贫，在脱贫攻坚中发挥了重要作用。收官之年帮扶力度、支持力度和工作力度还需继续加大，进一步做深做细扶贫协作、定点扶贫和对口帮扶工作，加强沟通对接，推动更多资金到位、项目落地，将各类帮扶资源更好转化为贫困地区脱贫奔康、加快发展的实际成效。发挥好人大、政协及各民主党派、群团组织在脱贫攻坚中的作用，有序引导更多企业、社会组织、个人参与脱贫攻坚，激发贫困地区和贫困群众内生动力，构建全社会共同参与的大扶贫格局。推动建立常态化合作机制，依托脱贫攻坚中与各帮扶方结下的深厚情谊，变扶贫协作为长期合作，用好"飞地园区"等平台载体，在产业发展、劳务输出、公共服务等方面实现更高层次、更宽领域合作，更好提升地方经济社会发展水平。

加强党对打赢脱贫攻坚战的领导，以超常举措推动工作落地落实

脱贫攻坚越到最后，越要加强和改善党的领导。认真落实"省负总责、市县抓落实"的工作机制，坚持五级书记一起抓，有脱贫任务的全力攻坚，没有脱贫任务的抓好成果巩固，防止返贫，把脱贫攻坚各项部署抓实抓细抓落地。切实加强基层组织建设，持续整顿软弱涣

散基层党组织，在退伍军人、优秀农民工中培养村干部和入党积极分子，进一步选优配好村"两委"干部和驻村干部。深化扶贫领域作风建设，把"严"的主基调长期坚持下去，坚决反对形式主义、官僚主义，着力解决会议多、督查多、考核多、表格多、清单多等问题，切实减轻基层负担，让基层把更多精力放在抓问题解决、抓工作落实上。扎实抓好扶贫领域反腐败工作，持续开展扶贫项目、资金等领域突出问题专项治理，用发生在身边的反面典型深入开展警示教育，实行阳光扶贫，教育引导广大党员干部把监督的"摄像头"装在自己心里，增强拒腐防变的"免疫力"，坚决防止群众富起来、干部倒下去。积极讲好脱贫攻坚四川故事，广泛宣传习近平总书记对贫困群众的关心关怀，宣传党中央、国务院的决策部署，宣传党领导脱贫攻坚的伟大实践和巨大成就，宣传各级党组织和广大党员干部攻坚克难、担当作为的实际行动，宣传基层一线帮扶干部、工作队员和贫困群众中涌现出的典型事迹和感人故事，在全省上下形成扎扎实实抓脱贫、感恩奋进奔小康的浓厚氛围。

　　脱贫攻坚收官之战事关全局，注定艰苦卓绝，能够参与其中，见证这一历史伟业，使命光荣，责任重大。四川省一定更加紧密地团结在以习近平同志为核心的党中央周围，全面落实党中央决策部署，不忘初心、牢记使命，以咬定青山不放松、不破楼兰终不还的坚强意志和定力，坚决夺取脱贫攻坚全面胜利，向党中央、向全省人民交出一份合格答卷。

《学习时报》2020 年 3 月 18 日

奋力冲刺九十天　坚决打赢歼灭战

贵州省委书记（时任）　孙志刚

习近平总书记在决战决胜脱贫攻坚座谈会上发表的重要讲话，对克服新冠肺炎疫情影响，高质量完成脱贫攻坚目标任务进行再动员、再部署，充分彰显了真挚的为民情怀、强烈的使命担当和卓越的领导能力，为我们夺取脱贫攻坚战全面胜利进一步指明了方向、注入了强大动力。习近平总书记明确要求易地搬迁配套设施建设、住房和饮水安全扫尾工程任务上半年都要完成，从下半年开始，国家要组织开展脱贫攻坚普查，对各地脱贫攻坚成效进行全面检验。贵州省深入学习贯彻习近平总书记重要讲话精神，坚持一刻不能停、一步不能错、一天不能耽误，奋力冲刺4、5、6三个月90天时间，坚决打赢脱贫攻坚最后总攻歼灭战，确保今年6月底前所有剩余贫困县、贫困村、贫困人口达到脱贫标准，保证按时高质量打赢脱贫攻坚战。

抓住三个月"窗口期"，尽可能多地发现问题解决问题

贵州省是全国脱贫攻坚主战场，总攻之年遭遇疫情袭击。我们认真贯彻落实习近平总书记系列重要指示精神，一手抓疫情防控、一手抓脱贫攻坚，确保两场战役都要打赢、两个胜利都要必得。一方面坚

持早研判、早部署、早落实抓好疫情防控，把影响降到最低，为打赢脱贫攻坚战争取时间、创造条件；另一方面毫不放松推进脱贫攻坚各项工作，千方百计把耽误的时间抢回来、把遭受的损失补回来。现在，全省疫情防控形势不断向好，主要任务是严防死守境外输入、防止疫情反弹，必须全力发起最后总攻，用好今年4、5、6这3个月中的每一天，同时间赛跑、与贫困较量，打赢脱贫攻坚歼灭战，牢牢掌握脱贫攻坚主动权制胜权。

高质量打赢脱贫攻坚战是在不断发现问题、解决问题中实现的。有问题不可怕，可怕的是前期工作中没有发现问题，最后考核出了问题。我们把今年4、5、6这3个月作为重要"窗口期"，通过各种渠道尽可能多地发现问题，全力以赴解决问题。

抓实挂牌督战发现问题解决问题。将挂牌督战范围扩大到9个深度贫困县和3个剩余贫困人口超过1万人的已摘帽县区和有剩余贫困人口的8723个行政村，实行一周一调度，较真碰硬"督"、凝心聚力"战"。处理好"督"和"战"的关系，"督"与"战"的同志在一个战壕里共同战斗，协同发现问题、共同研究问题、一起解决问题，合力打赢歼灭战。

鼓励各级各地多发现问题解决问题。对在"窗口期"内主动发现问题、解决问题的不予追究责任，对"窗口期"内有意遮掩和漏报瞒报问题，下半年再发现问题的严肃追究责任。18个省直部门、9个市（州）、85个有扶贫开发任务的县（市、区）签订总攻责任状，完不成任务严格实行"双问责"。哪个地方、哪项工作有问题，既要严肃追究那个地方党政一把手和分管负责同志责任，又要同时严肃追究省、市、县相关部门一把手责任。实行一个问题建立部门、地方两本台账，两本台账必须同步销号才确认问题真正得到解决。如果同一个问题一本台账已经销号，另一本台账依然存在，就要追究地方或部门的责任。

抓好国家脱贫攻坚考核反馈问题整改。将国务院扶贫办考核贵州省 2019 年脱贫攻坚成效反馈的问题制作成清单下发部门和地方，制定整改方案，逐项加以解决、逐项对账销号。要求去年考核中没有被抽查到的县（市、区）也对号入座，举一反三抓实整改。把国家脱贫攻坚考核反馈问题整改与扶贫专线和自查、巡视、巡察、审计、暗访等多种渠道发现的问题整改结合起来，一体进行整改，系统解决问题。

全面补齐脱贫攻坚短板，把教育医疗住房和饮水安全保障工作落到实处

近年来，贵州省坚持不懈抓好教育医疗住房和饮水安全保障工作，取得了明显成效，但还存在一些短板和薄弱环节。贵州省从实际出发加以改进，对贫困户逐户制作"明白栏"，过去是什么状况、享受了什么政策、通过哪些措施解决了什么问题、解决的成效怎么样、具体实施的责任人是谁等，一一写清楚，经过群众签字认可，张贴上墙，接受各方监督，确保今年上半年"三保障"和饮水安全全部到位。

义务教育保障方面，确保易地扶贫搬迁安置点教育配套设施今年 6 月底前全部建成，贫困家庭辍学学生"动态清零"。

基本医疗保障方面，对一些地方村医队伍不稳定、业务水平低的问题，以县为单位实行派出制，从县级医院、乡镇卫生院派出医务人员到村卫生室工作，定期轮换，财政给予补助，确保村村都有合格村医；建档立卡贫困人口百分之百参加医保，防止因病致贫返贫。

住房安全保障方面，严格把握政策标准，妥善解决易地扶贫搬迁房屋"两头留"、人员"两头住"等问题，要求各地对拿不准的问题及时请示，省有关部门认真研究，统一口径予以答复。

饮水安全保障方面，在全省再开展一次大普查，查清楚每一户的饮水安全保障方式，采取错峰供水、水窖应急补水、增加水缸蓄水等方式，解决供水率不高和季节性缺水等问题。

抓好农村产业革命当前重点工作，确保贫困群众持续增收、稳定脱贫

2018 年年初，我们提出来一场振兴农村经济的深刻的产业革命，推进思想观念、发展方式、工作作风的"三个革命性转变"，落实好产业选择、培训农民、技术服务、资金筹措、组织方式、产销对接、利益联结、基层党建"八要素"，努力实现"六个转变"即从自给自足向参与现代市场经济转变、从主要种植低效作物向种植高效作物转变、从粗放量小向集约规模转变、从提篮小卖向现代商贸物流转变、从村民户自为战向形成紧密相连的产业发展共同体转变，从单一种养殖向一二三产业融合发展转变，取得了明显成效。凡是调了结构的地方，农民收入都大幅提高，干部群众算增收账，越算方向越明，越算干劲越大，越算信心越足。

今年脱贫攻坚最后总攻中，我们继续将农村产业革命向纵深推进，大规模发展当年种养、当年见效、带动增收效果好的产品。当前重点抓好两项工作。

一项是农产品销售。深入分析和敏锐把握疫情带来的国内外、省内外市场供求的变化，把大规模种植、养殖的优质农产品卖出好价钱。每个市（州）、县（市、区）成立销售专班，开展农产品进机关、进军营、进企业、进社区、进超市活动，结合学校复学情况加强校农对接。抓住用好东西部扶贫协作机遇，加强品牌创建，拓宽线上线下销售渠道，大力推进黔货出山，建设粤港澳大湾区菜篮子基地。

另一项是利益联结。进一步健全产业扶贫利益联结机制，明确企业、合作社等主体的责任，明确农民群众特别是贫困群众在产业链、利益链中的环节和份额。大力发展政策性保险，尽可能减少农民因自然灾害、因市场波动等造成的损失，尽可能减少农民保费负担。制定保底价格收购农产品措施，让贫困群众今年无论遇到什么风险都能获得稳定足够收入，确保脱贫、不返贫。

多措并举巩固脱贫成果，不断提升脱贫质量

目前，贵州省还有 19.2 万脱贫不稳定人口、21.56 万建档立卡之外的边缘人口，收入水平都不高。受今年疫情影响，稍有疏忽就有可能返贫或致贫。我们对此高度重视，加强动态监测帮扶，确保脱贫攻坚胜仗打得漂亮、成色十足。千方百计保障农民务工就业。利用大数据手段建立到户到人的建档立卡贫困劳动力就业台账，主动对接省外尤其是长三角、珠三角、京津冀等地企业，通过东西部扶贫协作机制帮助贫困劳动力返岗就业。深入挖掘农村产业革命从种植到田间管理、收割、分拣、包装、冷库、运输乃至深加工整个产业链各环节的就业岗位，全面梳理本地项目用工需求，加大新开工项目建设力度，增加就业岗位，优先组织贫困劳动力就业，开发新的公益性岗位。

加强易地扶贫搬迁后续扶持。贵州省易地扶贫搬迁 188 万人，规模全国最大，目前搬迁工作已经完成。我们着力建立完善后续扶持"五个体系"即基本公共服务体系、培训和就业服务体系、文化服务体系、社区治理体系、基层党建体系，确保搬迁群众稳得住、有就业、逐步能致富。

完善防止返贫监测和帮扶机制。严格落实"四个不摘"要求，保持政策支持力度和工作力度不减。对脱贫不稳定人口和建档立卡外边

缘人口，以及因疫情或其他原因导致收入骤减或支出骤增的贫困家庭进行全面核查，及时掌握动态，采取针对性措施帮扶。全面落实对特殊困难人口的兜底保障政策，动态做到应扶尽扶、应保尽保、应助尽助。

加强党的领导，为打赢歼灭战提供坚强保障

按时高质量打赢脱贫攻坚战，确保贵州省与全国同步全面建成小康社会，是全省党员干部共同的重大政治责任、光荣的历史使命。

充分发挥党组织和党员作用。要求全省各级党组织和广大党员干部大力弘扬新时代贵州精神，在脱贫攻坚总攻战、歼灭战、收官战中践行初心使命，带领各族人民群众冲锋陷阵，用坚强的党性来确保脱贫攻坚的质量、成色，让党旗在脱贫攻坚主战场高高飘扬。压实党政和部门责任，加强条块结合，团结一致、共克困难，形成解决问题、破解难题的强大合力。

大力发扬抓具体抓深入的作风。坚决克服形式主义、官僚主义，明确要求今年4、5、6这3个月尽量减少开会，可开可不开的会一律不开，推动各级干部下沉到脱贫一线，更严更实更细更紧推动各项工作落实，一个问题一个问题地查找、一个问题一个问题地研究、一个问题一个问题地解决，确保绝对贫困问题得到彻底解决。

营造良好社会舆论氛围。大力宣传党中央、国务院的决策部署，总结好中国脱贫方案的贵州实践，讲好贵州省撕掉千百年来绝对贫困标签的精彩故事，深化"牢记嘱托、感恩奋进"教育，密切关注涉贫舆情，及时回应社会关切，形成全社会关注、支持脱贫攻坚的良好环境。

《学习时报》2020 年 4 月 27 日

巩固脱贫成果　决胜全面小康

西藏自治区党委书记　吴英杰

习近平总书记和党中央高度重视西藏工作，深切关怀西藏各族人民，在全国脱贫攻坚大格局中把西藏确定为"三区三州"唯一的省级集中连片特困地区，从政策、资金、项目等方面给予重点照顾、特殊倾斜。西藏认真贯彻党中央决策部署，增强"四个意识"、坚定"四个自信"、做到"两个维护"，把打赢脱贫攻坚战作为贯彻落实习近平总书记治边稳藏重要论述和维护祖国统一、加强民族团结、改善民生、凝聚人心的具体行动。瞄准"两不愁三保障"目标，因县实施差异化政策，扎实抓好精准识别、产业支撑、政策激励、就业优先、援藏扶助、社保兜底各项工作，全区62.8万建档立卡贫困人口全部脱贫、74个县区全部摘帽，连续4年被中央考核确定为"综合评价好"。

2020年是脱贫攻坚交账之年，也是全面建成小康社会和"十三五"规划收官之年。西藏深化落实习近平总书记关于扶贫工作的重要论述，按照决战决胜脱贫攻坚座谈会的部署要求，在抓好常态化疫情防控的同时，把巩固脱贫成果作为第一任务，尽锐出战、集中攻坚，坚决打好打赢脱贫攻坚战，确保与全国一道如期全面建成小康社会。

巩固脱贫成果、决胜全面小康，必须聚焦发展优势，加快补齐发展短板

西藏经济发展起步晚、积累少，发展不平衡不充分问题较为突出，贫困群众增收渠道窄、政策性收入占比较高，新冠肺炎疫情给销售消费、旅游业等涉扶贫产业也带来一定影响，必须深入贯彻新发展理念，正确处理好"十三对关系"（国家投资和社会投资；建设重大项目和民生项目；发挥优势和补齐短板；农牧民城镇就业和就近就便、不离乡不离土、能干会干；扶贫搬迁向城镇聚集和向生产资料富裕、基础设施相对完善地区聚集；央企在藏资源开发和解决当地农牧民增加收入；保护生态和富民利民；城市发展和提高农牧区基本公共服务能力；高校毕业生政府就业和市场就业；简政放权和地方承接；企业增产提效和改善职工福利待遇、促进农牧民群众增收；党中央关心、全国支援和自力更生、艰苦奋斗；鼓励干部担当干事和容错纠错），推动实现高质量发展、促进稳定脱贫。一是发展特色优势产业。充分发挥产业扶贫对巩固脱贫成果、逐步致富的根本性作用，抓好青稞增产、牦牛出栏等短平快富民产业和文化旅游、清洁能源等战略性产业，加大对从事旅游等服务行业、受疫情影响较大贫困群众向一产转岗力度，引导其就近就便参与农牧业生产、乡村振兴和人居环境整治，降低疫情影响。广泛开展消费扶贫行动，办好产业扶贫成果展，鼓励机关企事业单位采购所联系贫困村农畜产品，帮助解决销售问题。二是加强基础设施建设。扎实推进川藏铁路和自治区医院、藏医药大学新校区、技师学院等重大项目建设，保证投资实物量，以投资拉动促进发展内力提升，对一些群众能干会干的基础性项目，采取以工代赈等方式，有序引导贫困群众参与建设、

增加收入。三是大力发展河谷经济。把发展河谷经济作为促进持续增收、巩固脱贫成果的重要抓手，着力推动《支持西藏自治区河谷经济建设和青稞牦牛扶贫产业发展框架性合作协议》落地，充分利用河谷地带土地肥沃、资源富集、水利设施完善等优势，坚持宜农则农、宜牧则牧、宜游则游、宜林则林，实现脱贫攻坚与河谷整治开发的有机统一。四是加快补齐"三农"领域短板。把实施以"神圣国土守护者、幸福家园建设者"为主题的乡村振兴战略作为"三农"工作总抓手，做好与边境小康村建设、特色小城镇建设、极高海拔生态搬迁等方面的衔接，加强冷链物流等现代农牧业设施建设，抓好75万亩高标准农田和10万亩优质饲草基地建设，持续改善农牧区特别是偏远地区基础设施条件，着力打造产业兴旺、生态宜居、乡风文明、治理有效、生活富裕的美丽家园。五是稳定发展好边境。贯彻落实习近平总书记给隆子县玉麦乡群众的重要回信精神，将边民脱贫致富和守边固边结合起来，用好党中央支持边境地区加快发展的特殊优惠政策，大力推进边境小康村建设，加大边境地区交通、能源、水利、通信等基础设施建设力度，持续提高边民补贴、推进兴边富民行动、改善边境地区生产生活条件，吸引更多群众扎根雪域边陲，把伟大祖国的边疆建设好守护好。

巩固脱贫成果、决胜全面小康，必须聚焦解决"三保障"薄弱环节，真正把好事办好、让群众说好

坚持困难麻烦由政府解决、把方便实惠送给群众，把自治区掌握资金的90%和援藏资金的80%以上向深度贫困地区和民生领域倾斜，全力做好保障改善民生工作，各族群众获得感、幸福感、安全感明显提升。但也要看到，西藏教育科技基础薄弱，就业结构性矛

盾突出，基本公共服务水平有待提升，必须坚持以人民为中心的发展思想，紧扣改善民生、凝聚人心这个出发点和落脚点，围绕教育、医疗、安全饮水等领域短板，把群众的事当作自己的事来办，带着感情解决好群众关切的烦心事、操心事、揪心事。一是优先发展教育。贯彻落实习近平总书记致西藏民族大学建校60周年贺信精神和给西藏大学医学院学生重要回信精神，用好特殊优惠政策，持续巩固拓展"五个100%"（中小学双语教育普及率、小学数学课程开课率、中学数理化生课程教学计划完成率、中学理化生实验课程开出率、职业技术学校国家目录规定课程开出率达到100%）成果，加强学校思想政治工作，优化高校课程结构，狠抓师资队伍建设，提升义务教育教学质量，坚决阻断贫困代际传递。二是提升基层医疗卫生水平。健全以免费医疗为基础的农牧区医疗制度，继续把高血压、高血脂、多血症等常见高原病纳入医保报销范围。推动医疗资源、医疗人才向基层下沉，配合国家实施的"万名医师下基层活动"，每年选派100名医师到基层医疗机构工作，坚持"组团式"援藏覆盖的医院医务人员下沉到基层帮助工作，力争县医院每个临床科室有1名合格的执业医师，每个乡镇卫生院至少有1名执业（助理）医师或全科医师。三是积极促进就业。在全力抓好高校毕业生就业创业的同时，把加强农牧民群众特别是贫困群众转移就业摆在重要位置，加强就业培训，提高组织化程度，积极开展"就业援助月""百企进村送千岗"等活动，将400万元以下政府投资项目交有资质的农牧民施工企业（队）实施，优先吸纳贫困群众务工。四是着力改善生产生活条件。加快推进农村饮水安全巩固提升工程，统筹解决高海拔地区季节性缺水问题；推进行政村移动、宽带网络深度覆盖，逐步消除通信网络盲区；抓好农网改造升级，继续实施"金太阳"工程，因地制宜解决好偏远地区部分群众用电难问题；大力推进厕所革命，加强乡风文明建设，配套村道绿化照明等公共设施，持续改善人居环境。

巩固脱贫成果、决胜全面小康，必须坚持生态保护第一，让良好的生态始终成为发展的不竭动力

西藏地处高原、生态环境脆弱，巩固提升生态文明建设成果、建设重要生态安全屏障的任务艰巨繁重，必须按照习近平总书记"保护好青藏高原生态就是对中华民族生存和发展的最大贡献"的重要指示，牢固树立绿水青山、冰天雪地就是金山银山的理念，尊重自然、顺应自然、保护自然，把保护环境作为底线、红线、高压线，守护好世界上最后一方净土。一是强化生态工程建设。统筹山水林田湖草系统治理，深入实施重点区域生态公益林、拉萨周边造林、防沙治沙、"两江四河"流域造林绿化等工程，加强荒漠化、石漠化、水土流失治理，开展全民植树种草绿化国土行动，主动作为、见缝插绿，巩固消除"无树户""无树村"成果。加快实施极高海拔地区、生态保护区搬迁工作，启动"三江源国家公园"西藏片区建设。二是坚决打好污染防治攻坚战。大力实施大气、水、土壤污染防治行动，加强水源地保护和农业农村污染治理，加强城乡污水处理设施建设，推进城市垃圾分类处置和资源化利用。三是推进绿色发展。正确处理好保护生态与富民利民的关系，落实生态环境准入清单，零审批、零引进"三高"企业和项目，全面禁止砂金矿开采，决不以牺牲生态环境为代价发展经济；支持和帮扶群众种植茶叶等经济作物，让群众在参与生态建设的同时增收致富；积极倡导绿色生活方式，弘扬和挖掘西藏优秀传统生态文化。四是落实生态环保责任。严格落实环境保护党政同责、一岗

双责，深入实施生态环境损害赔偿制度，落实生态环境损害责任终身追究制。

巩固脱贫成果、决胜全面小康，必须保持战略定力，确保组织领导不松劲

经过这些年艰苦卓绝的努力，西藏脱贫攻坚取得决定性进展，但这并不意味着可以喘口气、歇歇脚，必须毫不动摇地加强党对脱贫攻坚工作的组织领导，一鼓作气、乘势而上，巩固提升脱贫攻坚成果，确保脱贫攻坚成色足可持续。一是层层压实攻坚责任。落实"四个不摘"要求，坚持五级书记抓巩固，所有县区由省级干部挂帅督战，抓好巡视反馈问题整改，配合做好国家脱贫攻坚普查工作。加强脱贫攻坚干部培训，增强精准扶贫精准脱贫能力。建立解决相对贫困长效机制，定期核查、动态管理脱贫和边缘人口，保持脱贫政策总体稳定，对因病因残因灾等致贫返贫的家庭和个人，全面落实保险保障措施。二是发挥党组织战斗堡垒作用。巩固村居"两委"班子成员100%是党员成果，加大软弱涣散基层党组织整顿力度，努力把农牧区基层党组织建成听党话、跟党走，善团结、会发展，能致富、保稳定，遇事不糊涂、关键时刻起作用的坚强战斗堡垒。以建强基层党组织为抓手，加强易地扶贫搬迁后续扶持，多措并举稳就业稳增收，教育搬迁群众树立国家帮扶、自力更生的意识，确保搬得出、稳得住、逐步能致富。三是用好脱贫生动教材。坚持志智双扶、既管"肚子"又管"脑子"，把脱贫攻坚成果与"十三个显著优势""十三个坚持和完善"的关系宣传展示好，引导群众理性对待宗教、淡化宗教消极影响、过好今生幸福生活。四是加强扶贫领域作风建设。持续深入开展扶贫领域腐败和作风问题专项治理，加大督查巡查、问责问效力度，深化拓

展基层减负工作，切实减轻基层负担，坚决纠正脱贫攻坚中的形式主义官僚主义问题。

《学习时报》2020 年 6 月 3 日

发起总攻 决战决胜
确保如期高质量打赢脱贫攻坚战

陕西省委书记（时任） 胡和平

脱贫攻坚是以习近平同志为核心的党中央着眼实现第一个百年奋斗目标作出的重大战略部署。今年3月6日，习近平总书记在决战决胜脱贫攻坚座谈会上发表重要讲话，深刻分析打赢脱贫攻坚战面临的形势，对高质量完成脱贫攻坚任务提出明确要求，为夺取脱贫攻坚战全面胜利指明了前进方向。

近年来，陕西省坚决贯彻党中央决策部署，把脱贫攻坚作为头等大事和第一民生工程，狠抓责任落实、政策落实、工作落实，全省贫困人口从2015年年底229.88万人减少到2019年年底18.34万人、贫困发生率从9.02%降至0.75%，56个贫困县全部脱贫摘帽，区域性整体贫困基本解决。同时我们也清醒认识到，剩余贫困人口脱贫难度大，巩固脱贫成果防返贫还有很多工作要做，特别是收官之年又遭遇新冠肺炎疫情影响，各项工作任务更重、要求更高。我们要认真学习贯彻习近平总书记关于扶贫工作的重要论述特别是在决战决胜脱贫攻坚座谈会上的重要讲话精神，增强"四个意识"、坚定"四个自信"、做到"两个维护"，坚持目标导向、问题导向、结果导向，落实脱贫攻坚"不能停顿、不能大意、不能放松"的要求，在脱贫攻坚最后阶段发起总攻、决战决胜，坚决打赢打好脱贫攻坚战。

脱贫攻坚不能停顿，必须集中精力、加快工作，坚决克服新冠肺炎疫情影响

脱贫攻坚是全面建成小康社会的底线任务，不能有缓一缓、等一等的思想。今年 2 月 18 日，陕西省委召开全省加强农村疫情防控决战决胜脱贫攻坚视频会议，3 月 10 日召开全省决战决胜脱贫攻坚推进会，制定了应对疫情影响决战决胜脱贫攻坚的八条措施。我们要立足所有县区均为低风险区域的实际，集中精力加快推进脱贫攻坚工作，努力将疫情影响降到最低。

优先支持贫困劳动力务工就业。全面掌握贫困劳动力就业需求，加大"一对一"帮扶力度。组织好跨省劳务输出，加强输出地和输入地精准对接，发挥苏陕两省扶贫协作机制作用，推广"村级劳务公司＋用工企业主体＋贫困劳动力"劳务协作方式，开展"点对点、一站式"送接服务。加强省内转移就业，依托国企合力团、"万企帮万村"等增加就业岗位，落实带贫企业贷款贴息、一次性生产补贴、缓缴社保费等政策，做好贫困劳动力稳岗工作。促进就地就近就业，挖掘扶贫车间、社区工厂等就业潜力，适当增设公益岗位，优先选聘受疫情影响的贫困劳动力。

加快扶贫项目开工复工。分类有序推进项目，对具备开复工条件的简化程序、加快审批，采取以工代赈、"一事一议"等方式解决原材料、机械、用工等问题，确保早开工早见效；对暂不具备开复工条件的做好评审等前期工作，抓紧推进招投标工作，力争尽快达到开复工要求。加快项目资金拨付，对影响脱贫攻坚任务完成的扶贫项目优先支持，对疫情防控期间产业扶贫项目涉及的生产、储存、运输、销

售等环节给予补贴。同时，完善脱贫攻坚项目库，将符合脱贫攻坚政策、有利于增加贫困群众收入、急需实施的项目优先入库，发挥扶贫项目带动作用。

大力支持农产品销售和扶贫产业恢复生产。组织产销对接，开展消费扶贫行动，运用互联网拓宽销售渠道，把贫困地区农产品作为"菜篮子"产品重要供给来源，支持企事业单位、物流企业、专业合作社、电商服务站上门收购、以购代捐，推动贫困地区农产品进市场、进商超、进学校、进社区。加大受疫情影响大的带贫新型经营主体支持力度，协调解决用工、生产物资采购、土地流转合同签订等方面问题。不误农时搞好春耕生产，打通农资供应、农机作业、农技服务等堵点，为全年产业扶贫打下基础。

脱贫攻坚不能大意，必须攻坚克难、补短强弱，全面完成决战决胜之年任务

在脱贫攻坚这场硬仗中，任何一项工作不到位，都会影响整个战役的最终胜利。我们要集中开展"三排查三清零"百日冲刺行动，排查精准帮扶、"两不愁三保障"等脱贫政策落实情况，排查中央脱贫攻坚专项巡视"回头看"、国家脱贫攻坚成效考核等反馈问题整改情况，排查扶贫带贫、巩固脱贫成果防返贫等长效机制建立情况，查漏补缺、对账销号，确保脱贫任务清零、整改任务清零、漏点短板清零。

围绕剩余贫困人口精准施策。对有劳动能力的贫困人口，整合帮扶资源，落实好扶贫小额信贷等扶持政策，加强技能培训和就业指导，推动就业意愿、就业技能与就业岗位精准对接。对完全或部分丧失劳动能力的特殊贫困人口，强化社会保障兜底，全面落实低保、医

保、养老保险、特困人员救助供养、临时救助等政策，做到应保尽保、应兜尽兜。

提升"三保障"和饮水安全质量。保障义务教育，坚持"一校一案""一生一策"，做好控辍保学工作。保障基本医疗，全面落实贫困人口参保补贴、县域内"先诊疗后付费""一站式"即时结算等政策，加强慢性病签约服务、大骨节病等地方病防治。保障住房安全，加快易地扶贫搬迁入住、旧宅基地腾退，尽快完成存量危房改造任务。保障饮水安全，加快安全饮水尾留工程建设和损毁修复，健全供水设施长效运行管护机制。

抓好扶贫产业发展。深化"一县一业"，做大做优果业、畜牧业、设施农业三大产业和茶叶、食用菌、中药材、富硒农产品等区域特色产业，强化仓储、加工、冷链运输等现代化设施建设和科技服务，支持有条件的贫困县创建一二三产业融合发展的扶贫产业园。大力发展村级集体经济、合作经济，完善"党组织＋合作社（公司）＋农户""龙头企业＋合作社＋农户"经营方式，推广订单生产、土地流转、股份合作、资产租赁等带贫做法，把更多贫困群众嵌入产业链。

扎实做好易地扶贫搬迁后续扶持。加快完善安置区基础设施和基本公共服务，统筹考虑社区规模、人口结构，加快水、电、路、讯、污水处理等基础设施建设，合理配套教育、医疗等公共服务设施，完善社区养老服务，做好社保关系转移接续。促进搬迁群众稳定就业，吸引各类企业到安置区投资兴业，支持发展特色种养业，确保稳得住、能脱贫。健全安置地基层组织体系，积极开展和谐社区创建，引导搬迁群众建立团结互助的新型邻里关系。

建立健全防止返贫机制。落实"四个不摘"要求，保持扶贫政策连续性，保证扶贫项目资金投入，稳定驻村扶贫工作队伍。紧盯存在返贫风险的已脱贫人口和存在致贫风险的边缘人口，以及因其他原因收入骤减或支出骤增户，强化监测预警和动态帮扶。坚持扶贫与扶志扶智相结合，推动脱贫攻坚与乡村振兴有效衔接，巩固和扩大脱贫攻坚成果。

认真做好革命老区脱贫工作。认真实施陕甘宁革命老区振兴规划、川陕革命老区振兴发展规划，加快补齐基础设施和公共服务短板，培育壮大特色产业，不断增强老区自我发展能力。

脱贫攻坚不能放松，必须敬终如始、真抓实干，确保脱贫成果经得起历史和人民检验

脱贫攻坚战不是轻轻松松一冲锋就能打赢的，越到最后越不能有丝毫松劲懈怠。我们要把脱贫攻坚责任扛在肩上、工作抓在手上，拿出"咬定青山不放松"的韧劲、"不破楼兰终不还"的拼劲，一鼓作气、顽强作战，确保扶贫工作务实、脱贫过程扎实、脱贫结果真实。

加强组织领导。坚持省负总责、市县抓落实，夯实市县党委、政府主体责任，脱贫攻坚领导小组要及时研究解决重大问题、统筹资源力量，扶贫部门要加强统筹协调、搞好督促指导，职能部门特别是承担"两不愁三保障"和饮水安全任务的部门要各负其责、抓好落实。坚持频道不换、力度不减，退出贫困县序列的县继续以脱贫攻坚统揽经济社会发展全局，做到精力向脱贫攻坚聚焦、政策向脱贫攻坚倾斜、工作围绕脱贫攻坚开展。加强与中央定点帮扶单位对接，深化苏陕扶贫协作，为打赢脱贫攻坚战凝聚强大合力。

强化督战考核。针对面上工作开展常态化督导，围绕重点工作开展集中督查，对剩余贫困人口较多、巩固脱贫成果防返贫任务较重、发现问题较多和整改任务较重的县（区）以及进度慢效果不理想的单项工作实行挂牌督战。优化脱贫攻坚成效考核方式，强化考核结果运

用，深化鼓励激励、能上能下、容错纠错"三项机制"，充分激发和调动干部决战决胜脱贫攻坚的积极性、主动性、创造性，对实绩突出、表现优秀的干部表扬表彰、大胆使用，对敷衍塞责、失职渎职的干部追责问责、严肃处理。

砥砺过硬作风。把群众获得感和满意度作为检验脱贫攻坚成效的首要标准，立足当前、着眼长远，多给贫困群众培育可持续发展的产业，多给贫困群众培育可持续脱贫的机制，多给贫困群众培育可持续致富的动力。坚决防范和纠正形式主义、官僚主义，多到脱贫任务重、攻坚难度大的地方"解剖麻雀"，下气力解决贫困群众的操心事烦心事揪心事，落实好为基层减负各项措施。严肃查处扶贫领域作风和腐败问题，坚决杜绝弄虚作假、数字脱贫。

《学习时报》2020 年 3 月 27 日

奋力夺取脱贫攻坚战全面胜利

甘肃省委书记　林　铎

习近平总书记对甘肃扶贫工作非常关注，对甘肃完成脱贫攻坚任务十分关切。现在，脱贫攻坚已经到了最吃劲的时候，也是决战决胜的紧要关头。我们要认真学习贯彻习近平总书记关于扶贫工作的系列重要论述，深入落实习近平总书记在今年全国两会期间作出的重要指示，牢记习近平总书记对甘肃的殷切期望和嘱托，把打赢脱贫攻坚收官战作为首要政治任务和头等大事，快马加鞭推进各项工作，努力克服新冠肺炎疫情影响，啃下深度贫困硬骨头，坚决攻克最后的堡垒、夺取最后的胜利，确保如期完成决战决胜脱贫攻坚目标任务、全面建成小康社会。

坚定必胜信心，鼓足勇气打硬仗

脱贫攻坚越到紧要关头，越要坚定必胜的信心，越要有一鼓作气的决心，确保脱贫攻坚任务如期完成。甘肃深化脱贫攻坚、完成脱贫任务具备不少有利条件，不仅有健全的机制、丰富的经验、成熟的队伍，而且党中央的支持力度、各方的帮扶力度越来越大，能够用于扶贫领域的资金和资源越来越多，各地生产生活条件、群众精神面貌也发生了很大变化，打赢脱贫攻坚战有着厚重基础和坚实支撑。近年来，全省贫困存量大幅减少，贫困人口从 2017 年年底的 188.7 万减少到 2019 年年底的 17.5 万，贫困发生率由 9.6% 下降到 0.9%，75 个贫困县已有 67 个脱贫摘帽，7262 个贫困村已有 6867 个退出贫困序列，藏区实现整体脱贫，能够更有力地攥紧拳头解决剩余贫困问题。通过开展义务教育、基本医疗、住房安全和饮水安全"3+1"冲刺清零行动，"两不愁三保障"领域主要任务基本完成，脱贫攻坚取得了历史性、决定性进展。把产业扶贫作为根本之策，拉开架势培育扶贫产业，"牛羊菜果薯药"六大特色产业渐成气候，小庭院、小家禽、小手工、小买卖、小作坊"五小"产业初具规模，贫困群众稳定增收有了更好保障，去年全省依靠产业脱贫的人口达 65 万，占当年脱贫总人口的 69.5%。还建立起一套完备的责任体系、政策体系、投入体系、帮扶体系、监督体系和考核体系，省市县乡村都把脱贫攻坚作为"一把手"工程来抓，各专责部门分工负责、分兵把守，社会各界广泛参与，形成了抓扶贫、促脱贫的浓厚氛围。通过开展精神扶贫、促进移风易俗、完善以工代赈措施等办法，群众的脱贫愿望更强了，致富奔小康的精气神更足了，追求幸福美好生活的动力更大了，全省脱贫攻坚呈现出良好的局面和态势。

脱贫攻坚成效巨大，但面临的困难挑战也同样巨大。甘肃是一个贫困程度深、脱贫难度大的地方，很多贫困地区山大沟深、信息闭塞、交通不便，而且基础设施落后、市场发育程度低，有的地方根本就不具备发展条件，剩余的贫困人口都是最难啃的硬骨头。脱贫攻坚本来就有不少硬仗要打，突如其来的新冠肺炎疫情又造成了一定影响，给脱贫攻坚带来了一系列新问题新挑战，务工就业、产品销售、项目建设等方面都有不少需要攻坚解决的突出问题，工作难度不言而喻。

形势越复杂，信心越重要，行动也要越积极。各级各方面特别是领导干部既要带头讲好脱贫故事、宣传脱贫政策、传递脱贫信心，也要未雨绸缪、防患未然，把困难估计得更充分一些，把挑战认识得更到位一些，不放松、不停顿、不懈怠，扎实做好疫情防控常态化前提下的脱贫攻坚工作，用好有利条件，克服各种不利影响。

着眼全部脱贫，集中力量攻堡垒

甘肃省还有 8 个贫困县未摘帽、395 个贫困村未出列、17.5 万建档立卡贫困人口未脱贫，虽然同过去相比总量不大，但都是贫中之贫、困中之困，如期脱贫需要付出更加艰辛的努力。要牢牢扭住全部脱贫、全部摘帽、解决区域性整体贫困问题的脱贫目标和要求，集中优势兵力，加快攻坚节奏，坚决打好绝对贫困歼灭战，做到全面小康路上不漏一户、不落一人。

目前，全省脱贫攻坚重点领域主要任务已基本清零，但"基本清零"不代表"全部清零"，还有存量任务需要推进，也有短板和弱项需要补齐。要把问题导向、目标导向、结果导向贯彻始终，以尚未脱贫的贫困县、贫困村和贫困人口为重点，同时紧盯摘帽县的贫困存量、非贫困地区的贫困人口、返贫和新出现的贫困人口，全力实施"3+1"冲刺清零后续行动，按照动态排查、动态管理、动态跟进要求，继续抓好义务教育领域防控辍反弹、防入学坐不住、防两类学校不达标"三防"工作，抓好基本医疗领域改"场所不固定"问题、改"村医临时派"问题、改"能力还不够"问题"三改"工作，抓好住房安全领域查鉴定不准确、查改造不到位、查质量不过硬"三查"工作，抓好饮水安全领域保水源稳定、保水管畅通、保水质达标"三保"工作，确保"两不愁三保障"问题动态全面清零。

受疫情影响，经济发展下行压力加大，贫困人口脱贫面临的最大变数仍是稳定增收、收入达标。要把产业增收、就业增收、经营性增收、财产性增收、政策性增收等多种渠道统筹起来，坚持多条腿走路，确保每个贫困户至少有一条可靠稳定的增收门路。要加大力度发展扶贫产业，把区域产业整体构建同到户产业培育结合起来，充分发挥农业龙头企业、农民专业合作社辐射带动作用，健全市场主体同贫困群众的利益联结机制，提升产业规模化、组织化、现代化水平，让群众能够从产业发展中持续稳定受益。要高度重视农产品销售难问题，把抓面和盯点结合起来，拓展整体性的大宗销售渠道，做细点对点的零散销售工作，确保农副产品卖得出、群众收益有保障。要对贫困群众外出务工、就业增收给予特殊关注，树牢抓就业就是抓增收、抓务工就是抓脱贫的观念，继续采取人盯人的办法，逐人逐户算好收入细账，采取措施防范失业减收风险，保障贫困群众收入超过标准线。要深化拓展中央单位定点扶贫和东西部扶贫协作，在劳务输转、项目建设、消费扶贫等方面下足功夫，凝心聚力助推脱贫攻坚，通过各种渠道稳定群众收入。

坚持问题导向，动真碰硬促整改

决战决胜阶段，一定意义上讲就是集中发现和消除各类突出问题的阶段。甘肃省坚持"整治问题不手软"，站在政治高度抓好脱贫攻坚问题整改，一体推进中央脱贫攻坚专项巡视"回头看"、国家脱贫攻坚成效考核、中央纪委国家监委调研督导反馈问题的整改落实，制定系统的整改方案，梳理确定的 73 个具体问题已经基本整改到位或取得明显阶段性成效，脱贫质量有了新的提升。

越到最后，越要重视问题整改。要发扬钉钉子精神，把问题整改贯穿脱贫攻坚全过程，聚焦最不托底的地方、最不放心的环节、最不得劲的领域，深入实施脱贫攻坚问题检视清零行动，坚持举一反三、点面结合，在整改落实上再加力、再深化，全面彻底查漏补缺，做到问题见底、整改见效。要抓住具体问题动真碰硬推进，通过专项巡视、联动巡察加强监督检查，整改不到位不放过，问题不解决不放过，群众不满意不放过，绝不允许半截子整改、敷衍式整改、表面化整改，真正实现对账销号清零目标，确保脱贫工作务实、过程扎实、结果真实。

围绕提高成色，多措并举抓巩固

我们目前实现的主要还是现行标准下的底线性基本脱贫，当前和今后一个时期巩固提升脱贫成果的任务还很繁重。已经摘帽的县，要坚持频道不换、靶心不偏、力度不减，严格落实摘帽不摘责任、摘帽不摘政策、摘帽不摘帮扶、摘帽不摘监管"四个不摘"要求，在提质增效上着力使劲，对贫困村和贫困人口"扶上马再送一程"，保证脱贫攻坚成色足、可持续。剩余的贫困县和贫困村，要在确保完成现有贫困人口脱贫任务的基础上，统筹使用扶贫资源，分门别类采取巩固措施，继续提高脱贫户致富能力，让脱贫群众过上更好生活。要加大易地扶贫搬迁后续扶持力度，一个安置点一套计划，一家安置户一个方案，通过发展种植养殖、支持物业经济、组织劳务输转等办法，让贫困群众稳得住、有就业、逐步能致富。

防止返贫和继续攻坚同样重要。无论是摘帽县还是剩余贫困县，都要重视发现和化解返贫致贫风险，继续盯紧已经消除风险的贫困人口，及时监测新出现的脱贫不稳定户和容易致贫的边缘户，严格执行识别预警、跟进帮扶、达标消除等各项措施要求，确保脱贫成果稳定、贫困增量可控。同时，要重视推动脱贫攻坚和乡村振兴有机衔接，重视研究和建立解决相对贫困的长效机制，从政策的过渡转换、措施的完善改进、机制的优化创新等方面，提出有效办法，强化相互支撑，鼓励有条件的地方先做起来、积累经验，逐步走出一条符合甘肃实际的巩固脱贫成果、促进乡村振兴路子。

扛好政治责任，求真务实干工作

打赢脱贫攻坚这场硬仗，越到最后越要绷紧这根弦，不能停顿、不能大意、不能放松。各级各方面一定要履职尽责、不辱使命，弘扬真抓实干的优良作风，把工作往深里做、往实里做，坚决兑现签订的军令状。要突出抓细节，过筛子排查，盯紧最不起眼的地方，注意最容易忽视的环节，下足"绣花"功夫，逐村逐户开展工作，逐人逐项解决问题，细致到人到户到项目，抓紧抓实"角角落落"。要突出抓具体，把各项任务梳理出来，把具体要办的事情明确清楚，落到具体的部门，靠实具体的责任人，有措施、有要求、有检查、有评估，防止工作粗糙、浮在表面。要突出抓过程，注重运用系统论，全过程严格开展、严格要求、严格把关，全过程做到底数清、情况明、数字准、工作实，通过扎实的过程确保好的结果。要突出抓督战，逐级靠实挂牌督战责任，较真碰硬督，沉到一线战，既要实打实传导压力，又要实打实帮助解决问题，克服形式主义、官僚主义，绝不能泛化督战、强督弱战。要突出抓监管，把扶贫资金作为监管重点，将投入、分配、使用等各环节切实纳入视线，引导督促各级各方面树牢过紧日子的思想，防止跑冒滴漏，做到精打细算，确保管住钱、用对钱、花好钱，把每一笔钱都用在刀刃上。要突出抓落地，崇尚实干、不务虚功，把谋事、干事、成事统一起来，保持等不起、慢不得、坐不住的紧迫感，弘扬抗疫斗争期间形成的好作风，一事在前马上办，干一件就成一件，以实际行动完成脱贫攻坚的重大责任和光荣使命，努力谱写加快建设幸福美好新甘肃、不断开创富民兴陇新局面的时代篇章。

《学习时报》2020 年 8 月 19 日

确保如期完成脱贫攻坚目标任务

青海省委书记　王建军

2020年是全面建成小康社会目标实现之年，是全面打赢脱贫攻坚战收官之年。习近平总书记在决战决胜脱贫攻坚座谈会上的重要讲话，为我们打赢打好脱贫攻坚战指明了方向、提供了遵循。青海属于我国集中连片特殊困难地区和脱贫攻坚重点县全覆盖区域，青海的5个藏族自治州、1个蒙古族藏族自治州属于国家"三区三州"深度贫困地区。确保如期完成脱贫攻坚目标任务，与全国一道全面建成小康社会，向习近平总书记、党中央和全省各族人民交上合格答卷，是青海省委义不容辞的重大政治责任。

抓好脱贫攻坚工作，最关键的是要用习近平新时代中国特色社会主义思想武装头脑、指导实践、推动工作

要充分认识我国脱贫攻坚取得的决定性成就。党的十八大以来，我们坚持以人民为中心的发展思想，明确了到2020年我国现行标准下农村贫困人口实现脱贫、贫困县全部摘帽、解决区域性整体贫困的目标任务。目前看，脱贫进度符合预期，成就举世瞩目。成就的取得，揭示了一个真理，就是要坚持中国共产党的领导，坚持中国

特色社会主义制度。一部脱贫攻坚史，就是中国共产党带领全国人民向贫困宣战的奋斗史，就是坚持和完善中国特色社会主义制度的实践史。

要清醒认识打赢脱贫攻坚战面临的困难挑战。脱贫攻坚战不是轻轻松松一冲锋就能打赢的，从决定性成就到全面胜利，面临的困难和挑战依然艰巨，决不能松劲懈怠。脱贫攻坚同改革发展稳定等工作一样，都面临着许多困难和挑战。特别是今年突如其来的新冠肺炎疫情，不可避免地对脱贫攻坚造成影响。打赢疫情防控人民战争、总体战、阻击战和脱贫攻坚战，各项工作任务更重、要求更高，必须统筹推进，一手抓疫情防控，一手抓脱贫攻坚，不获全胜，决不收兵。

要深刻认识确保高质量完成目标任务的极端重要性。决战决胜脱贫攻坚，确保高质量完成脱贫攻坚目标任务，要从攻坚克难完成任务、努力克服疫情影响、多措并举巩固成果、保持脱贫攻坚政策稳定、严格考核开展普查、接续推进全面脱贫与乡村振兴有效衔接等六个方面开展工作。质量是脱贫攻坚的生命线。质量高，脱贫攻坚才能经得起历史和人民的检验；质量不高，就经不起历史和人民的检验。不负党中央和人民的重托，就必须以钉钉子精神和"绣花"功夫做好"补针点睛"各项工作，高质量完成脱贫攻坚的目标任务。

要全面认识加强党对打赢脱贫攻坚战领导的崇高使命。脱贫攻坚越到最后越要加强和改善党的领导。各级党委（党组）一定要履职尽责、不辱使命。人民对美好生活的向往就是我们的奋斗目标，实现现行标准下的贫困人口全部脱贫，是党中央向全国人民作出的郑重承诺。一诺千金，没有任何退路和弹性。党的各级组织、全体共产党员都要为这一承诺负责，义无反顾地担负起这一崇高使命。

抓好脱贫攻坚工作，最根本的是要结合实际，创造性地贯彻落实习近平总书记提出的一系列重大要求，扎扎实实办好青海的事情

要向习近平总书记看齐，聚精会神抓脱贫攻坚。脱贫攻坚是习近平总书记操心最多、牵挂最深的大事。党的十八大以来，以习近平同志为核心的党中央把脱贫攻坚摆在治国理政的突出位置，以前所未有的力度加以推进。党的十九大把打好精准脱贫攻坚战作为三大攻坚战之一，作出安排部署。习近平总书记亲力亲为、亲自谋划、亲自出征、亲自督战，走遍了全国14个集中连片特困地区，7次召开专题会议并发表重要讲话，对脱贫攻坚作出一系列重要指示。今年以来，习近平总书记又在中共中央政治局常委会会议、统筹推进新冠肺炎疫情防控和经济社会发展工作部署会议、决战决胜脱贫攻坚座谈会上，对脱贫攻坚工作提出了一系列重大要求、作出了一系列重大部署，为我们打好打赢脱贫攻坚战提供了根本遵循和行动指南。我们要向习近平总书记看齐，以决战决胜的精神状态，更加有力的举措、更加精细的工作，坚定不移把习近平总书记和党中央决策部署落实好。

要坚决贯彻党中央、国务院决策部署，扛起脱贫攻坚政治责任。脱贫攻坚是全国一盘棋，要坚决贯彻习近平总书记关于扶贫工作的重要论述，坚决按照党中央、国务院关于决战决胜脱贫攻坚的决策部署，切实增强"四个意识"、坚定"四个自信"、做到"两个维护"，做到党中央提倡的坚决响应，党中央决定的坚决照办，党中央禁止的坚决杜绝。当前，尤其要认真贯彻习近平总书记在中共中央政治局会议审议脱贫攻坚成效考核和专项巡视"回头看"情况的重要讲话精神，按照国务院扶贫开发领导小组电视电话会议要求，认真做好中央脱贫攻坚专项巡视"回头看"和国务院扶贫开发领导小组 2019 年脱贫攻坚成效考核反馈问题的整改工作。这次问题整改是脱贫攻坚期内最后一轮整改，既要整治于当下，更要深思于未来，把问题整改同疫情防控、"十三五"收官、乡村振兴、对口援青和东西部扶贫协作等有机结合起来，打好整改的歼灭战、攻坚的总体战、发展的持久战。要把抓巡视整改作为重要的政治责任来履行，越到最后越要紧绷贫困人口如期脱贫这根弦，坚决做到问题不查清不放过、责任不落实不放过、整改不到位不放过、群众不满意不放过，以坚强的党性作保证，从严从细从实从紧整改到位，切实把整改的成果转化为致富的技能、发展的动能、治理的效能、造福人民的功能。

要强化"补针点睛"举措，高质量完成脱贫攻坚目标任务。到去年年底，经过四年集中攻坚，青海着力解决了"两不愁三保障"和饮水安全突出问题，42 个贫困县（市、区、行委）、1622 个贫困村、14.55 万户、53.9 万建档立卡贫困人口，按现行标准全部脱贫退出，脱贫攻坚路上没有落下一户一人，已实现绝对贫困人口"清零"。实现绝对贫困人口"清零"，是高质量打赢脱贫攻坚战目标任务的重要基础。巩固这一重要基础，必须以"绣花"功夫全力做细"补针点睛"各项工作。对已脱贫的人口开展全面排查，特别是精准掌握疫情对贫困人口造成的影响，认真查找新问题和漏洞缺项，一项一项采取措施整改"清零"，一个一个解决问题对账销号。建立防返贫工作机制，加强对不稳定脱贫户、边缘户的动态监测，将返贫人口和新发生贫困人口及时纳入帮扶，为巩固脱贫成果提供制度保障。强化并提升产业扶贫、就业扶贫质量，深入开展消费扶贫，加大易地扶贫搬迁后续产业、就业扶贫力度，抓好村集体经济"破零"工程。深化精神脱贫，扶志扶智，激发贫困人口内生动力。严把贫困退出关，严格执行贫困退出标准和程序，确保真脱贫、脱真贫。在万名干部下乡"鼓干劲、稳脱贫、迎小康"的实践中，扎实做好脱贫攻坚宣传工作，讲好在以习近平同志为核心的党中央坚强领导下脱贫攻坚的青海故事。

要多措并举巩固成果，有效对接乡村振兴战略。脱贫摘帽不是终点，而是新生活、新奋斗的起点。对退出的贫困县、贫困乡镇、贫困村、贫困人口，我们将保持现有帮扶政策总体稳定，严格落实摘帽不摘责任、不摘政策、不摘帮扶、不摘监管的要求，主要政策措施不搞急刹车，驻村工作队不撤换。同时，继续努力做好东西部扶贫协作、对口支援、定点扶贫、社会扶贫等各项工作，找准找好升级加力的切入点和着力点，因势利导、顺势而为，做好持续减贫工作，推进全面脱贫与乡村振兴有效衔接，建立长短结合、标本兼治、巩固脱贫成果、解决相对贫困的长效机制，奋力开创新时代青海"三农"工作的新局面。

要在脱贫攻坚的伟大实践中，培养锻炼造就新时代好干部。新时代是一个伟大的时代，脱贫攻坚是一场伟大的战役。脱贫攻坚战打到今天，啃下了不少硬骨头，各级干部发挥了重要作用。脱贫攻坚以来，青海累计派出2313支驻村工作队，1.49万名驻村干部，这些干部在脱贫攻坚的实践中经了风雨、见了世面，了解了基层、熟悉了群众、转变了作风、增长了才干，自觉践行了新时代好干部标准。脱贫攻坚还没结束，还需要各级干部扑下身子沉下心，把自己摆进去、把职责摆进去、把感情摆进去，求真务实，真抓实干。脱贫攻坚打的是思想战、作风战，必须思想上过关、作风上过硬，确保扶贫工作务实、脱贫过程扎实、脱贫结果真实。坚决杜绝和防止形式主义、官僚主义，不说空话大话，一件事一件事抓，一个项目一个项目落实，以求解性思维解决难题，用创新的办法推进攻坚，把实践中探索积累的好经验好做法不断发扬光大，直到夺取伟大战役的最后胜利。党组织和党员是脱贫攻坚的主心骨，必须发挥党建引领作用，把党支部建设成坚强堡垒，把党员锻造成先锋模范，让党旗在脱贫攻坚一线高高飘扬。

今年要实现第一个百年奋斗目标，越是接近目标，越需要增强信心、勠力同心。我们要更加紧密团结在以习近平同志为核心的党中央周围，不忘初心、牢记使命，勇于担当、奋力拼搏，为决胜全面建成小康社会作出青海的贡献。

《学习时报》2020 年 7 月 22 日

冲刺攻坚　决战决胜
坚决打赢新疆脱贫攻坚战

新疆维吾尔自治区人民政府主席　雪克来提·扎克尔

党的十八大以来，习近平总书记始终心系贫困地区、情系贫困群众，把脱贫攻坚作为最深的牵挂、最大的担当，亲自部署、亲自挂帅、亲自出征、亲自督战，走遍全国14个集中连片特困地区，召开高规格的中央扶贫开发工作会议，先后7次召开跨省区的脱贫攻坚座谈会，发表一系列重要讲话、作出一系列重要指示，充分体现了总书记亲民爱民为民的领袖风范和对贫困群众的特殊关爱，充分体现了以习近平同志为核心的党中央决胜全面小康、决战脱贫攻坚的坚定决心，为全党树立了标杆、作出了表率，为我们打赢脱贫攻坚战提供了根本遵循和强大思想武器。在以习近平同志为核心的党中央坚强领导下，我国脱贫攻坚力度之大、规模之广、影响之深前所未有，创造了人类减贫史奇迹，充分彰显了中国共产党领导的巨大政治优势和中国特色社会主义制度"集中力量办大事"的无比优越性，让我们对如期高质量完成脱贫攻坚任务充满必胜信心。

新疆地处祖国西北边陲，发展相对滞后，贫困人口较多，特别是南疆四地州（和田地区、喀什地区、克孜勒苏柯尔克孜自治州、阿克苏地区），生态环境脆弱、资源禀赋较差、产业基础薄弱，民族、宗教、稳定、贫困等问题交织，致贫因素复杂，贫困程度深，脱贫难度大，是全国深度贫困"三区三州"之一。截至 2019 年年底，新疆建档立卡贫困人口总规模 77.97 万户，合计 308.9 万人、贫困村 3666 个、贫困县 35 个。目前，尚有 10 个县未摘帽、占全国约 20%，559 个村未退出、占全国 20% 以上，4.21 万户 16.58 万人未脱贫。打赢脱贫攻坚战，任务艰巨、使命光荣，是以习近平同志为核心的党中央赋予我们的一项重大政治任务，事关新疆各族人民与全国人民一道同步迈入全面小康社会，必须坚决如期完成、确保全面胜利。

在以习近平同志为核心的党中央坚强领导下，新疆各族干部群众坚持以习近平新时代中国特色社会主义思想为指导，增强"四个意识"、坚定"四个自信"、做到"两个维护"，深入贯彻落实习近平总书记关于扶贫工作的重要论述和党中央脱贫攻坚决策部署，贯彻落实新时代党的治疆方略，牢牢聚焦社会稳定和长治久安总目标，一手抓反恐维稳，连续 3 年多未发生暴恐案件；一手抓脱贫攻坚，推进脱贫攻坚取得重要阶段性进展。截至 2019 年年底，新疆已累计脱贫 292.32 万人、退出 3107 个贫困村、摘帽 25 个贫困县，贫困发生率由 2013 年年底的 19.4% 降至 1.24%。2013 年至 2019 年，35 个贫困县农民人均可支配收入由每年 5400 元增加到 12035 元，年均增长 12.09%，比全区农民人均可支配收入增幅高 3.59 个百分点。建档立卡贫困户人均纯收入由 2015 年的每年 2725 元增加到 2019 年的每年 9195 元，年均增幅 35.53%，为脱贫攻坚全面收官打下了坚实基础。

一是坚决扛起脱贫攻坚政治责任。坚持自治区负总责、地县抓落实、乡村抓落地的工作机制，五级书记一起抓，落实"双组长"制，配齐配强党政分管领导，着力构建责任清晰、各负其责、合力攻坚的责任体系。自治区党委、政府主要负责同志担任扶贫开发领导小组和深度贫困地区脱贫攻坚工作领导小组"双组长"。50 名省级领导干部联系 35 个贫困县和 44 个有扶贫任务的非贫困县。实施"三个一"示范引领，每名省级领导干部联系 1 个贫困县（市），地（州、市）每名厅级领导干部联系 1 个贫困乡镇，贫困县市每名县级领导干部联系 1 个贫困村。实施"五个一"全覆盖包联，每个贫困村 1 个部门单位结对帮扶、1 个援疆省市帮扶共建、1 名县级领导定点联系、1 名第一书记驻村领导、1 个"访惠聚"工作队驻村工作。目前，全区脱贫攻坚责任体系、工作体系等日趋成熟定型，为打赢脱贫攻坚战提供了强有力的支撑和保障。

二是坚决落实精准扶贫精准脱贫方略。按照党中央"六个精准""五个一批"要求，结合新疆实际，重点从七个方面帮扶贫困人员脱贫。发展产业扶持，优化一产结构，因地制宜发展特色种植养殖产业，覆盖 136.79 万贫困人口；强化二产带贫，大力发展纺织服装、电子产品组装、农副产品加工等劳动密集型产业，带动贫困人口就业；激发三产活力，发展乡村旅游、电子商务等服务产业，农产品网络零售额 110 亿元，促进贫困群众增收。转移就业扶持，大力发展劳动密集型产业，加强就业技能培训，加大转移就业力度，落实各项就业补贴政策，累计转移并稳定在岗就业 14.4 万人。土地清理再分配扶持，依法依规清退和收回违法违规占有的农用耕地，通过贫困户自种、土地入股分红、用企业承包收益设立产业引导资金等方式，带动 71.94 万贫困人口增收。选为护边员扶持，保持护边员队伍稳定，落实护边员补助政策，7 个深度贫困县边境一线未脱贫户优先实现 1 户 1 个护边员。生态补偿扶持，选聘生态护林员和草原管护员 67814 人，既有利于改善贫困地区生态环境，又直接增加贫困人口劳务收入。易地扶贫搬迁扶持，全面完成"十三五"易地扶贫搬迁建设任务，累计 40026 户 16.92 万人喜迁新居，多措并举实现 8.12 万搬迁群众就业，确保搬得出、稳得住、有就业、可脱贫、逐步能致富。政策兜底保障，严格按照政策标准，精准落实综合兜底政策，确保符合条件的贫困人口应纳尽纳、应保尽保。

三是坚决查漏补缺补齐短板。紧盯解决"两不愁三保障"突出问题，坚持缺什么补什么，聚焦短板、统筹资源、精准发力。全面落实饮水问题，在全部解决有水喝的基础上，实施农村饮水安全巩固提升工程，已解决 34.62 万贫困人口饮水安全问题。加大教育扶贫力度，持续强化农村义务教育控辍保学，全区小学学龄儿童净入学率达到 99.97%、初中适龄少年净入学率达到 99.78%、义务教育巩固率达到 95% 以上，贫困家庭义务教育阶段孩子无因贫失学辍学现象。加大健康扶贫力度，坚持每年开展全民免费健康体检，大力推进结核病患者诊疗救治工作，贫困人口基本医疗保险、大病保险参保率均达到 100%，乡村卫生院（室）标准化率均达到 100%，做到了贫困人口得了大病、重病后基本生活有保障。实施危房改造工程，全面解决了剩余 9355 户贫困户住房安全问题，彻底结束了贫困人口住危房的历史。所有贫困村实现了通硬化路、通动力电，贫困群众生产生活条件得到大幅改善。

四是坚决转变作风抓好整改。认真落实党中央"基层减负年"要求，深化扶贫领域腐败和作风问题专项治理，持续整治形式主义、官僚主义突出问题，严肃查处贪污挪用、截留私分、虚报冒领、挤占克扣等行为，大力选拔在脱贫攻坚中表现突出的干部，推动基层负担进一步减轻，干部作风明显好转，扶贫领域违纪违规问题明显减少，扶贫成效更加明显。特别是把抓好中央脱贫攻坚专项巡视及"回头看"指出的问题、国家脱贫攻坚成效考核发现的问题、"不忘初心、牢记使命"主题教育检视出的问题整改，作为对干部政治、思想、作风状况的一次实践检验，建立整改台账，逐项明确整改目标、整改时限、整改措施、整改要求、整改责任，一件一件地盯着整改，完成一件销号一件，坚决做到问题不查清不放过、责任不落实不放过、整改不到位不放过、群众不满意不放过，以问题整改促进脱贫攻坚提质增效。

今年是全面建成小康社会的收官之年、脱贫攻坚的全面验收交账之年。3月6日，在统筹推进新冠肺炎疫情防控和经济社会发展的关键时期，习近平总书记出席决战决胜脱贫攻坚座谈会并发表重要讲话，向全党全国全社会发出了向绝对贫困发起最后总攻的动员令，强调"到2020年现行标准下的农村贫困人口全部脱贫，是党中央向全国人民作出的郑重承诺，必须如期实现，没有任何退路和弹性"。我们要深入学习贯彻习近平总书记关于扶贫工作的重要论述，贯彻落实习近平总书记在决战决胜脱贫攻坚座谈会上的重要讲话精神，咬定目标、坚持标准，一鼓作气、乘势而上，保持攻坚态势，强化攻坚责任，集中兵力打好深度贫困歼灭战，实现剩余贫困人口全部脱贫、贫困村全部退出、贫困县全部摘帽，巩固脱贫攻坚成果，确保高质量全面完成脱贫攻坚任务，决胜全面建成小康社会。

坚持现行脱贫标准。对标"两不愁三保障"，既不拔高也不降低，既不抢跑也不拖延，既尽力而为又量力而行。聚焦"三保障"，抓紧抓实控辍保学、免费健康体检以及11.78万结核病患者诊疗救治、1.53万贫困人口饮水安全等工作。

攻坚克难挂牌督战。坚决落实习近平总书记"对工作难度大的县和村挂牌督战"的重要指示精神，采取"自治区督战到县、地县督战到村、干部分包到户"的方式，由24位省级领导干部督战剩余10个未摘帽贫困县，由相关地（州）、县（市）领导督战剩余559个未退出贫困村，确保责任落实、政策落实、工作落实。

精准施策打歼灭战。因地制宜、因村因户因人施策，突出发展产业带动就业，抓好劳动力转移就业，确保有劳动能力的贫困人口全就业。同时，对通过产业就业无法脱贫的老弱病残、鳏寡孤独特别贫困群众，落实落细综合社会保障措施，实现应保尽保，不漏一户、不落一人。

多措并举巩固成果。摘帽不摘责任、摘帽不摘政策、摘帽不摘帮扶、摘帽不摘监管，扶贫力量、帮扶关系等保持不变。健全完善防止返贫监测预警和动态帮扶机制，建立红、橙、黄、绿四级预警体系。用好自治区 2017 年建立的脱贫攻坚防风险基金，用于应对可能出现的脱贫和返贫风险，防止返贫和新的致贫。

如期打赢脱贫攻坚战、决胜全面建成小康社会，既是一次大战，也是一次大考。行百里者半九十。越到最后时刻，越要思想上"绷紧弦"、行动上"拉满弓"，慎终如始、保持定力，以冲刺攻坚、决战决胜的姿态，坚决啃下最后的硬骨头，以脱贫攻坚的优异成绩向新疆各族人民交上合格答卷。

《学习时报》2020 年 4 月 24 日

团结引领广大妇女
为决战决胜脱贫攻坚再建巾帼新功

全国妇联党组书记、副主席、书记处第一书记　黄晓薇

今年以来，习近平总书记就统筹推进疫情防控和经济社会发展工作，实现决胜全面建成小康社会、决战脱贫攻坚的目标任务发表一系列重要讲话，为我们做好当前和今后一个时期工作提供了根本遵循。3月6日，党中央又专门召开决战决胜脱贫攻坚座谈会，习近平总书记从实现中华民族伟大复兴、推动全球减贫事业发展的战略高度，对打赢脱贫攻坚战进行再动员再部署，向全党全国全社会发出了决战决胜脱贫攻坚的总攻令。各级妇联组织要深入学习贯彻习近平总书记重要讲话精神，把助力决战决胜脱贫攻坚作为重大政治任务，团结带领广大妇女努力克服疫情影响，为坚决夺取脱贫攻坚战全面胜利、决胜全面建成小康社会贡献巾帼力量。

深刻领会习近平总书记重要讲话精神，进一步提高政治站位、强化责任担当

党的十八大以来，习近平总书记对贫困群众始终念兹在兹、惦记在心，数十次深入老少边穷地区访贫问苦，召开一系列专题会议作部

署，带领全党全国人民全面打响脱贫攻坚战，我国脱贫攻坚力度之大、规模之广、影响之深前所未有，书写了人类发展史上的伟大传奇，充分彰显了中国共产党领导和中国特色社会主义制度的优越性。但也必须清醒地看到，从决定性成就到全面胜利，面临的困难和挑战依然艰巨，今年脱贫攻坚要全面收官，原本就有不少硬仗要打，加之新冠肺炎疫情带来新的挑战，巩固脱贫成果难度很大。习近平总书记以马克思主义政治家、战略家的深刻洞察力和敏锐判断力，深入分析了脱贫攻坚战面临的困难挑战，深刻阐明了打赢脱贫攻坚战具备的有利条件，就统筹推进疫情防控和脱贫攻坚、确保高质量完成脱贫攻坚目标任务作出重大部署、提出明确要求，体现了深厚的为民情怀、强烈的责任担当，体现了中国共产党人兑现郑重承诺的坚定意志和坚强决心，给人以方向、给人以信心、给人以力量。

在决战脱贫攻坚、决胜全面小康的进程中，习近平总书记始终高度关注贫困妇女脱贫问题，要求各级妇联组织要格外关心贫困妇女、残疾妇女、留守妇女等困难妇女，为她们做好事、解难事、办实事，为妇联组织立足职能、发挥优势，团结动员广大妇女积极投身打赢脱贫攻坚战指明了方向。到 2019 年年底，全国有贫困人口 551 万，其中妇女约占一半。虽然目前未脱贫的妇女同过去相比总量不大，但她们贫困程度深，劳动技能单一，创业就业能力和抗市场风险能力较弱，还承担着照顾老人、抚育子女的重担，脱贫难度大。促进妇女脱贫不仅关系妇女自身生存与发展，而且关系阻断贫困的代际传递，关系家庭的和谐幸福，关系贫困人口整体脱贫进程。各级妇联组织要深入学习贯彻习近平总书记重要讲话精神，增强"四个意识"、坚定"四个自信"、做到"两个维护"，紧紧围绕党中央决策部署，进一步在宣传引领妇女上多用心，在联系服务妇女上多用情，在组织凝聚妇女上多用力，团结动员广大妇女听党话、跟党走，为夺取疫情防控和脱贫攻坚"双战双胜"发挥半边天作用，用辛勤劳动创造幸福美好新生活。

聚焦高质量完成脱贫攻坚目标任务，以倒计时的冲刺状态全力推进"巾帼脱贫行动"

今年 4 月 3 日，全国妇联召开电视电话会议，就贯彻落实习近平总书记重要讲话精神、团结引领广大妇女为决战脱贫攻坚贡献力量作出重要部署。各级妇联组织要以习近平总书记重要讲话精神为指针，找准定位、发挥优势，始终保持攻坚态势，力戒形式主义、官僚主义，把巾帼脱贫工作做得更扎实更有效，绝不让一个贫困妇女在小康路上掉队。

掌握真实情况，协助党委政府精准精细抓工作。在党委领导下，聚焦"三区三州"等深度贫困地区和 52 个未摘帽贫困县，做好对特殊困难妇女的动态监测和帮扶工作。通过发动基层妇联执委、妇女骨干走村入户参与排查普查，深入了解疫情对贫困妇女如期脱贫的综合影响，重点了解剩余贫困妇女未脱贫原因，单亲贫困母亲、患重病妇女、残疾妇女等的特殊需求，以及受疫情影响存在返贫风险的已脱贫妇女情况，及时主动向党委政府及有关部门汇报，并根据贫困妇女不同情况量身定做帮扶措施，如对有劳动能力但就业困难的贫困妇女，提供就业机会，支持产业发展；对半劳动力、弱劳动力贫困妇女，帮助争取公益岗位；对没有劳动能力的贫困妇女，推动纳入当地社会保障兜底等，真正做到底数清、情况明、措施实，推动精准施策到每一个贫困妇女，助力挂牌督战。

扶持特色产业，带动贫困妇女长期稳定增收。扶贫扶长远，关键看产业。结合各地村情地貌和资源条件，因地制宜发展适合妇女创业就业的脱贫产业，如着力培育种植、养殖方面的女能手，助推"一乡一业""一村一品"发展；持续发展妇女手工编织产业，帮助进一步提升品质、拓宽销路，想办法让贫困妇女"守着家、抱着娃、挣着钱"，居家创收两不误；扶持发展巾帼电商，支持返乡创业女大学生、女致富带头人以及有意愿的贫困妇女开办网店、微店；积极发展巾帼家政服务，既满足城市家庭生活需求又解决贫困妇女就业问题；支持发展乡村旅游业，在推动美丽乡村建设、特色文化传承的同时促进贫困妇女增收致富。在产业扶贫中，注重开展针对性实用性强的技能培训，持续为贫困妇女赋能；注重培育创业致富女带头人，充分发挥她们的示范带动作用；注重用好扶贫小额信贷、创业担保贷款，支持贫困妇女发展投资少、周期短、风险小、见效快的致富项目。

推动复工复产，努力化解疫情给贫困妇女带来的影响。在拓展贫困妇女务工就业方面，加强与女企业家、女劳务经纪人等的沟通对接，推动在企业复工复产、重大项目开工、物流体系建设中更多招用贫困妇女；引导巾帼脱贫基地、巾帼扶贫工厂和车间用好各项优惠政策，有效解决用工难、融资难、防疫物资保障难等问题，吸纳更多贫困妇女就近就业。在深化劳务扶贫协作方面，承担东西部扶贫协作和对口支援任务的省区市妇联要主动配合人社部门等，积极为贫困妇女尽快返岗复工提供"点对点、一站式"服务，贫困地区妇联要做好宣传引导、技能培训、配合组织劳务输转工作。在开展消费扶贫方面，推动打通线上线下销售渠道，让扶贫产品进网络、进市场、进商超、进社区、进食堂，把广大妇女和家庭的消费能力引导到支持扶贫产业上来，通过"以购代捐""以买代帮"等方式，帮助解决贫困农产品卖难问题。

发挥"联"字优势，给予贫困妇女儿童更多关心关爱。加强与卫健、财政、扶贫、医保等部门沟通，进一步扩大"两癌"筛查及救助覆盖面，力争建档立卡贫困妇女应检尽检，确保患"两癌"的建档立卡贫困妇女全部得到应有的救助，防止妇女因病返贫致贫。配合教育部门做好"控辍保学"工作，在摸清情况的基础上，协助做好失辍学儿童劝返复学工作，通过教育扶贫阻断贫困代际传递。配合民政等部门做好留守儿童、困境儿童的关爱帮扶工作，特别是对因疫情造成的孤儿和困境儿童，协同有关部门落实帮扶措施，组织基层妇联执委、巾帼志愿者、"爱心妈妈"等开展结对帮扶活动。发挥关爱服务、发现报告、联防联动、舆情应对、工作督查等机制作用，依法维护贫困妇女儿童权益。将"春蕾计划""儿童快乐家园""母亲健康快车"等公益项目向52个未摘帽贫困县倾斜，把党的关怀和温暖送到贫困妇女儿童身边。

做好衔接文章，促进巾帼脱贫成果巩固提升。脱贫摘帽不是终点，而是新生活、新奋斗的起点。促进"巾帼脱贫行动"和"乡村振兴巾帼行动"有机衔接，以"乡村振兴巾帼行动"的实施扩大巾帼脱贫成果，以巾帼脱贫的实效助力乡村振兴。协助党委和政府做好易地扶贫搬迁妇女后续帮扶工作，帮助她们解决就业等现实问题，使她们搬进新家园后，真正稳得住、有就业、逐步能致富、过上新生活。动员妇女积极参与农村人居环境整治和爱国卫生运动，参与"美丽庭院"创建、垃圾分类等工作，参与"健康中国·母亲行动"等活动，树立健康生活理念，培养良好卫生习惯，倡导文明健康、绿色环保的生活方式。常态化开展寻找"最美家庭"活动，引导妇女破除陈规陋习，推进移风易俗，自觉抵制高价彩礼、大操大办、铺张浪费，自觉承担家庭责任，树立良好家风家教，以奋发有为的精神状态投身脱贫攻坚和乡村振兴。

强化宣传引领，凝聚巾帼脱贫致富奔小康的强大力量。习近平总书记指出，脱贫攻坚工作不仅要做得好，而且要讲得好。大力宣传习近平总书记关于脱贫攻坚的重要讲话精神，宣传我国脱贫攻坚取得的历史性成就，把习近平总书记心系贫困群众的深厚情怀传达到妇女群众之中，坚定妇女感党恩、听党话、跟党走的思想自觉和行动自觉。强化扶志扶智，广泛开展"巾帼脱贫大讲堂""小康幸福你我他""身边故事会"等活动，宣传妇女脱贫带贫先进典型，展现自力更生、勤劳致富的巾帼故事，让妇女群众打心底认同脱贫攻坚的丰硕成果，进一步坚定制度自信、激发脱贫内生动力。加强对巾帼脱贫理论成果、实践成就、经验做法的总结，利用国际交流合作平台，讲好中国脱贫和妇女脱贫故事，充分展示中国共产党领导和中国特色社会主义制度的优越性，展示促进男女平等和妇女全面发展的中国经验。

《学习时报》2020 年 4 月 17 日

闻令而动　尽锐出战
为夺取脱贫攻坚全面胜利贡献供销力量

中华全国供销合作总社理事会主任、

党组副书记（时任）　喻红秋

党中央前不久召开决战决胜脱贫攻坚座谈会，习近平总书记发表重要讲话，着眼实现第一个百年奋斗目标的战略全局，对决战决胜脱贫攻坚工作进行再动员再部署，这是习近平总书记在关键时刻向全党全国全社会发出的最新号令、最强动员。全国供销合作社系统坚决贯彻落实以习近平同志为核心的党中央决策部署，闻令而动、尽锐出战，凝聚供销力量，发挥系统优势，全力以赴投身脱贫攻坚，为夺取脱贫攻坚全面胜利、决胜全面建成小康社会作出积极贡献。

提高站位，强化担当，深入学习贯彻习近平总书记重要讲话精神

党的十八大以来，以习近平同志为核心的党中央从全面建成小康社会全局出发，全面打响脱贫攻坚战，力度之大、规模之广、影响之深，前所未有，取得了决定性进展，成功走出了一条中国特色扶贫开发道路，书写了人类历史上"最成功的脱贫故事"，为全球减贫事业

贡献了中国智慧、中国方案、中国力量。这些历史性成就，充分体现了习近平总书记深厚的为民情怀和强烈的使命担当，充分彰显了我们党执政为民的初心使命，充分展现了广大干部群众和社会各行各业万众一心战脱贫的无穷力量。

今年是打赢脱贫攻坚战的收官之年，如期实现脱贫攻坚目标任务，对于全面建成小康社会、实现"两个一百年"奋斗目标至关重要，对于彰显中国共产党领导和中国特色社会主义制度的优越性意义重大。收官之年遭遇新冠肺炎疫情影响，脱贫攻坚工作，不仅要与贫困决战，还要与疫情决战，面临的困难挑战更多。疫情发生以来，习近平总书记高度重视做好应对疫情决战脱贫攻坚工作，发表一系列重要讲话。今年2月23日，习近平总书记在统筹推进新冠肺炎疫情防控和经济社会发展工作部署会议上强调，今年脱贫攻坚要全面收官，原本就有不少硬仗要打，现在还要努力克服疫情的影响，必须再加把劲，狠抓攻坚工作落实，坚决完成脱贫攻坚任务。今年3月6日，习近平总书记在决战决胜脱贫攻坚座谈会上发表重要讲话，充分肯定脱贫攻坚取得的决定性成就，深刻分析打赢脱贫攻坚战面临的困难挑战，对加强党对脱贫攻坚的领导、高质量完成脱贫攻坚目标任务提出明确要求。习近平总书记的重要讲话高瞻远瞩、统揽全局，内涵丰富、要求明确，为全党全国全社会坚决夺取脱贫攻坚战全面胜利、确保全面建成小康社会指明了前进方向、提供了根本遵循。

供销合作社是为农服务的合作经济组织，是党和政府做好"三农"工作的重要载体，是助力脱贫攻坚的重要力量。服务"三农"是供销合作社的主责主业，供销合作社的每一项工作，都是奔着为农服务去的，都与农民生产生活息息相关，都是为了让农民增收致富。脱贫攻坚的主战场就是供销合作社的主阵地，供销合作社投身脱贫攻坚，既是义不容辞、责无旁贷的政治责任，也是践行"为农、务农、姓农"宗旨的本质要求，更是自身提升为农服务能力的客观需要。党的十八大以来，供销合作社系统深入学习贯彻习近平总书记关于扶贫工作重要论述，始终把脱贫攻坚作为重大政治任务，积极发挥组织网络优势，全力投身脱贫攻坚，目前全国各级供销合作社总计定点帮扶了580个贫困县，驻村帮扶了7705个贫困村。通过发展特色产业、电子商务、开拓贫困地区农产品市场等措施为脱贫攻坚作出了积极贡献。当前，脱贫攻坚到了全面收官的最紧要关头，供销合作社系统要充分发挥职能作用，切实增强"四个意识"、坚定"四个自信"、做到"两个维护"，以决战决胜的精神状态，冲在前、做实事、见成效，以实际行动展现供销合作社在关键时刻的责任与担当，为决战决胜脱贫攻坚战作出应有贡献。

突出重点，发挥优势，全力做好脱贫攻坚各项工作

供销合作社系统认真学习贯彻习近平总书记重要讲话精神，以脱贫攻坚为统领，坚持抓纲举目、聚焦重点、总体推进，将各项工作与脱贫攻坚紧密结合起来，充分发挥组织优势、流通优势，持续推进消费扶贫、电商扶贫、产业扶贫、定点扶贫、就业帮扶以及在贫困地区实施供销合作社培育壮大工程等，助力完成剩余脱贫任务，多措并举巩固脱贫成果。

聚焦聚力攻坚克难。聚焦"三区三州"深度贫困地区和52个未摘帽贫困县、1113个贫困村，进一步集中力量、集聚资源、集成项目，加快推动系统扶贫项目复工复产，全面提速施工进度，确保项目如期投产见效，带动贫困农户就近就地就业。建立东西部供销合作社对口扶贫协作机制，推动东部地区供销合作社与52个未摘帽贫困县

所在的7个西部省级供销合作社在产业项目、"西果东送"、就业帮扶、人才培训等方面开展合作。探索建立扶贫协作产业联盟，鼓励支持中国供销集团联合系统龙头企业，到深度贫困地区投资建设农产品批发市场、冷链物流设施、加工基地等，带动当地经济社会发展。打造供销合作社展会品牌，高质量办好各类对接会、展销会、推介会，更好地帮助贫困地区解决农产品市场销售问题。

多措并举克服疫情影响。针对疫情带来的农产品卖难尤其是扶贫产品销售困难，各级供销合作社要多种形式畅通销售渠道，着力帮助贫困地区解决农产品滞销问题。近期湖北一些应季农产品出现滞销，全系统坚决贯彻落实习近平总书记关于"帮助湖北解决实际困难和具体问题，在湖北最艰难的时期搭把手、拉一把"的重要指示，响应中央指导组的号召，组织动员全系统商贸企业、连锁超市、批发市场等积极采购，累计采购销售茶叶、小龙虾等各类农产品超过20亿元。供销总社将总结这次帮助湖北解决农产品滞销问题的经验做法，建立农产品滞销信息快速响应机制，加强贫困地区农产品供求信息动态监测，综合运用多种流通方式，及时帮助贫困地区实现农产品顺畅销售。继续加强春季农业化肥、农药、农膜等农资供应，加快推广土地托管、代耕代种、统防统治等农业社会化服务，力争今年服务面积突破2.2亿亩，为贫困地区、贫困农户提供更加健全的农业社会化服务，增加他们的务农收益。

齐心协力运营好"扶贫832平台"。贫困地区农副产品网络销售平台（"扶贫832平台"），是财政部、国务院扶贫办、供销总社三家联合助推脱贫攻坚的重要举措，目的是为各级预算单位和非政府采购领域单位对接832个国家级贫困县采购农副产品提供便捷高效渠道。我们将坚持把"扶贫832平台"建设作为一项政治任务，举全系统之力抓紧抓好。指导中国供销集团着力从供给、需求、平台3个方面发力，加快供应商入驻和商品上线，持续优化平台功能，尽快实现 832 个贫困县全覆盖。继续做好"保供给、防滞销"活动，组织开展好"52 决战收官"专题活动，开设"三区三州"攻坚专区，切实帮助贫困地区解决农产品卖难问题。

立足职责做好消费扶贫。消费扶贫是习近平总书记强调要实施好的一项扶贫举措，也是供销合作社的职能职责和优势所在。要组织全系统商贸连锁企业、农产品批发市场等，采取设立扶贫专区专柜、订单农业、直供直销等方式，与贫困地区建立长期稳定的业务合作关系。加快推动线上线下融合发展，运用新技术新模式，进一步拓宽扶贫农产品销售渠道。积极组织开展贫困地区农产品进机关、进企业、进社区等活动，引导消费者通过"以购代捐""以买代帮"的方式参与消费扶贫。

用心用情做好定点扶贫。认真贯彻落实党中央关于"四个不摘"的要求，持续在产业发展、资金投入、人才培训、发展思路上为贫困县做实事，真正帮在要处、扶在难处、干在实处。供销总社本级将加大对安徽潜山、江西寻乌和安远 3 个定点扶贫和对口支援县的帮扶，不断加大帮扶资金投入，大力帮助销售农副产品；与此同时，指导各级供销合作社全力做好对口贫困县、贫困村的帮扶工作，做到标准不降、力度不减、措施不松。

综合施策巩固脱贫成果。指导动员全系统 2 万多家社有企业采取直接投资、参股经营等方式，在贫困地区建设原料生产基地，发展壮大可持续性扶贫产业。推动供销总社所属 7 家科研院所加快科技成果在贫困地区转化落地；发挥全系统 1.8 万家行业协会作用，组织会员单位在贫困地区发展种养殖基地，带动贫困地区产业发展。用好全系统 90 多所各类职业院校教育培训资源，加强对农村实用人才和新型职业农民培训，增强贫困农户自我发展能力。

落实责任，改进作风，确保脱贫攻坚任务落地见效

当前是向脱贫攻坚发起总攻、夺取全胜的决战时刻，需要以更强的工作责任、更大的工作力度、更实的工作作风，抓紧抓实抓细脱贫攻坚各项工作。

进一步压紧压实责任。如期打赢脱贫攻坚战，时间紧、任务重。各级供销合作社要坚决扛起脱贫攻坚政治责任，把疫情防控期间激发出的顽强斗志转化为投身脱贫攻坚的强大力量，主动担当作为，认真履职尽责。进一步健全扶贫工作机制，督促任务重的地区成立工作专班，抽调精干力量，进行集中攻坚，确保如期完成脱贫攻坚目标任务。

进一步强化督促落实。聚焦扶贫目标任务，坚持定期调度、定期督导，督任务、督进度、督责任、督成效，形成抓落实的倒逼机制。加强全系统扶贫项目、资金实施情况的跟踪问效，落实项目建设和运营情况定期报告制度，发现问题及时解决。强化扶贫项目资金的规范使用和监督，坚决防止供销合作社系统在扶贫过程中出现腐败问题。

进一步改进工作作风。各级供销合作社将严格落实党中央关于加强和改进工作作风的新要求，坚持实事求是、求实务实落实，坚决杜绝脱贫攻坚中的形式主义、官僚主义，坚决防止数字脱贫、虚假脱贫、空喊口号。大力弘扬"扁担精神""背篓精神"等供销合作社优良传统，将互助合作、扶贫济困的合作社价值理念发扬光大，引导全系统广大干部职工以昂扬的精神状态、扎实的工作作风，和贫困地区的干部群众一起苦、一起干，努力在大战中践行初心使命，在大考中交出合格答卷！

《学习时报》2020 年 5 月 8 日

后　记

习近平总书记指出，反贫困是古今中外治国理政的一件大事。消除贫困、改善民生、逐步实现共同富裕，是社会主义的本质要求，是我们党的重要使命。党的十八大以来，我们党把打赢脱贫攻坚战摆在治国理政的突出位置，脱贫攻坚取得决定性成就。2020年是全面建成小康社会、打赢脱贫攻坚战决胜之年，我们党带领全国各族人民顽强奋斗、凝心聚力，坚决克服新冠肺炎疫情影响，坚决夺取脱贫攻坚战全面胜利，坚决完成这项对中华民族、对人类都具有重大意义的伟业。

今年3月6日，习近平总书记出席决战决胜脱贫攻坚座谈会并发表重要讲话后，为深入学习贯彻习近平总书记的重要讲话精神，《学习时报》于今年3月18日至今年9月23日在一版开辟专栏，刊登相关省区市和部门主要负责同志学习贯彻落实习近平总书记重要讲话精神的理论文章，展现各地各行业各领域脱贫攻坚重大成果，宣介脱贫攻坚重大决策部署和重要经验，进一步凝聚打赢脱贫攻坚战的强大合力，系列文章刊发后引发了广泛的社会反响。人民出版社决定将这组文章结集出版。

系列文章在组织刊发过程中，得到了中央有关部门和地方的大力支持，在此一并表示感谢。

学习时报编辑部

2020 年 12 月

丛书策划：蒋茂凝　辛广伟

选题策划：刘志宏

责任编辑：刘志宏

封面设计：姚　菲

版式设计：周方亚

责任校对：张红霞

图书在版编目（CIP）数据

书记部长谈决战决胜脱贫攻坚／学习时报编辑部 编 . —北京：人民出版社，
　2021.4

ISBN 978 - 7 - 01 - 022659 - 0

I. ①书… 　II. ①学… 　III. ①扶贫 - 中国 - 文集 　IV. ① F126 - 53

中国版本图书馆 CIP 数据核字（2020）第 227054 号

书记部长谈决战决胜脱贫攻坚

SHUJI BUZHANG TAN JUEZHAN JUESHENG TUOPIN GONGJIAN

学习时报编辑部　编

人民出版社 出版发行

（100706　北京市东城区隆福寺街 99 号）

中煤（北京）印务有限公司印刷　新华书店经销

2021 年 4 月第 1 版　2021 年 4 月北京第 1 次印刷

开本：710 毫米 ×1000 毫米 1/16　印张：11.5

字数：127 千字

ISBN 978 - 7 - 01 - 022659 - 0　定价：40.00 元

邮购地址 100706　北京市东城区隆福寺街 99 号

人民东方图书销售中心　电话：（010）65250042　65289539